微信公众号运营
拉新＋促活＋留存＋付费

谭贤 著

人民邮电出版社

北京

图书在版编目（CIP）数据

微信公众号运营：拉新+促活+留存+付费 / 谭贤著
. -- 北京 : 人民邮电出版社，2018.8（2021.8重印）
ISBN 978-7-115-48873-2

Ⅰ．①微… Ⅱ．①谭… Ⅲ．①网络营销 Ⅳ.
①F713.365.2

中国版本图书馆CIP数据核字(2018)第158927号

内 容 提 要

如何拉新？如何促活？如何留存？如何付费？本书介绍了微信公众号引流涨粉的具体方式，标题命名方法，图文版式促活技巧，用户分析知识点，案例实际操作详细步骤等相关内容。

本书共12章，主要内容包括顺应变化：懂营销者借大势，媒体矩阵：利用亿级平台海量拉新，活动吸粉：让亿万的粉丝为你拉新，标题图片：促进活跃度的开关按钮，内容雕琢：精品的文章引爆阅读量，精美版式：好的视觉效果带来好的互动，用户分析：留下你的精准核心客户，需求分析：掌握需求提高客户留存率，图文分析：定位客户喜好，减少取关率，粉丝维护：加强客户体验和互动活动，商业盈利：让用户掏钱付费的方式，付费案例：合作运营的具体操作手法。

本书适合微信公众号平台运营者、管理者阅读参考。

◆ 著　　　　谭　贤
　　责任编辑　李士振
　　责任印制　周昇亮

◆ 人民邮电出版社出版发行　　北京市丰台区成寿寺路 11 号
　　邮编　100164　　电子邮件　315@ptpress.com.cn
　　网址　https://www.ptpress.com.cn
　　涿州市京南印刷厂印刷

◆ 开本：700×1000　1/16
　　印张：14.5　　　　　　　　　2018 年 8 月第 1 版
　　字数：280 千字　　　　　　　2021 年 8 月河北第 7 次印刷

定价：58.00 元

读者服务热线：(010)81055296　印装质量热线：(010)81055316
反盗版热线：(010)81055315
广告经营许可证：京东市监广登字 20170147 号

目前，微信的使用情况出现两极分化。

一方面，微信的用户越来越多，拥有将近 9 亿用户，公众号数量从 1 000 万个到 2 000 多万个，而且还在增长。

另一方面，微信公众号的阅读率越来越低，从 10% 降到 5%，从 2018 年开始下沉到 3% 了。

炒过股的人都知道一个大概率事件：10 个人炒股，有 7 个在亏，两个持平，1 个赚钱。现在公众号有点儿类似，开设公众号的人很多，但赚钱的就是金字塔顶端的那些大号。

从 2014 年到 2017 年，获得融资的自媒体有 190 多个，还不到总数的 1%。融资的关键是增加投资，不代表一定是赚钱的！

我曾参股一个摄影公众号，因为做得早，2014 年就开始做，正是风口大势之时，每天与其他公众号互推互送文章，每天 8 条信息，短短一年，做到百万粉丝的级别。随后，他们通过广告（每条 3 万元以上）快速盈利了。当有 200 万粉丝时，其转型成为电商，开始卖货，年营业额为 5 000 万元以上。但现在公众号的红利期已过，打开率越来越低，这种报刊信息型的公众号也渐渐举步维艰了。这些年的挫折真不少，现在回头总结一下，算是给进军公众号的朋友们一些启示，抛砖引玉，提供一些参考，帮助读者少走弯路、错路，提高效率、降低成本。

公众号的运营，基本上有 4 项内容：一是拉新，二是促活，三是留存，四是付费。

一、拉新

拉新包括吸粉、引流、涨粉，这是公众号运营的第一大难题。拉新的方法有上百种，根据笔者这些年的运营经验，最有效果的是以下 3 种。

一是做比赛的拉票活动，让粉丝去拉粉丝。这种效果是惊人的，我们曾经举办过一个摄影活动，第一名一个人就拉了 5 万的粉丝票。

二是通过微信公众平台等 20 家以上的新媒体平台引流。微信公众平台目前有 9 亿左右的用户，即使每篇推文能拉来 0.01%，长期下来，效果也是惊人的。具体怎么拉？关键靠内容。

三是公众号互推。如果各有 100 万的粉丝，互推的效果哪怕是 10%，就是 10 万。但刚开始的公众号没有这么多粉丝怎么办？找与自己等量粉丝的公众号开始互推。关键这是一种拉新非常有效的方式，无论现在还是以后，都必须是常用的。这里给大家介绍一个方法：如果对方的粉丝量是自己的 5 倍，那么就承诺对方，他们发 1 次，自己发 5 次来回馈对方。这种有诚意的方法，还是可以感动对方，使其愿意来合作的。

二、促活

通过前面的拉新，人引来了，公众号运营的第二大难题也来了—— 如何促活？关键是靠内容。内容要从以下两个方面努力。

一是风格。是走原创路线，还是走借发路线？原创路线就是自己创作内容，根据自己的擅长和市场的热门来制订创作内容；而借发路线则是发送其他平台的一些优秀文章，谁的文章阅读量高就发谁的。当然，为了尊重版权，最后是需要标明转载源头的。

二是打磨，无论是原创内容还是借发内容，都需要从标题的文字、图片，内容的版式、布局等细节进行二次创新，以自己鲜明的特色获得用户关注，打造有温度的品牌。

如果没有优质的内容，用户是没有活跃度的，那就是一潭死水，就会失去以前拉新过来的粉丝，前功尽弃！

三、留存

突破前面两大难题，公众号运营的第三大难题也来了，那就是如何提高用户的留存率？关键是以下两点。

一是用户分析。要知道，每个公众号不可能让每一个人都喜欢，因此关键是用户定位要清晰，我们只能做到让一部分人喜欢。那么让哪一部分人喜欢呢？他们的年龄、职业、地域、爱好等是怎样的？

二是需求分析。对于公众号定位的人群喜欢什么样的内容，我们不仅要前期做调研，关键是要在后台进行用户数据分析，如哪些内容阅读量高；特别是分享数高的，一定要重视，找出原因，争取下次再冲新高。

四、付费

好不容易跨越了前面的三大难题，最后一个难题也来了——如何让用户付费，使公众号实现盈利。如果是 10 万级粉丝以上的公众号，特别是有百万级的粉丝，让用户付费的方式就有很多，本书中也讲了 10 多种。这里重点讲一讲让用户付费的运营思路。

很多资金充裕者的打法是前期烧钱，待积累到几十万或上百万的粉丝时再考虑盈利。我不建议这么做，因为现在各行业变化太快，也许等花费百万元时公众号已经变天了，风险太大！

我觉得一开始就要考虑好盈利模式，就从 1 000 人开始，或者从 10 000 人开始。因为盈利的核心是能够抓住用户的需求或痛点，然后提供价值服务，因此即使只有 1 000 人或 10 000 人，只要服务到位，他们就会消费。如果连 1 000 人或 10 000

人的痛点、需求都不能精准抓住，那以后人多时怎么抓？

在人少时就要考虑盈利，是希望通过盈利倒推，让大家剖析用户的需求是什么，不要稀里糊涂地运营。因此，只要能解决用户的痛点，他们就会主动消费。当人少时都赚钱，那么人多时还怕赚不到更多的钱吗？

由于作者知识水平有限，书中难免有错误和疏漏之处，恳请广大读者批评、指正。沟通和交流请联系邮箱：157075539@qq.com。

目录 | Contents

第 1 章 顺应变化：
懂营销者借大势

第2章　媒体矩阵：利用亿级平台海量拉新

第 5 章　内容雕琢：
精品文章引爆阅读量

第6章	精美版式： 好的视觉效果带来好的互动

第 7 章 用户分析：
留下你的精准核心客户

第 8 章 需求分析：掌握需求，提高客户留存率

第9章 图文分析：定位客户喜好，减少取关率

第10章 粉丝维护：加强客户体验和互动活动

第 11 章　商业盈利：让用户掏钱付费的方式

第 12 章　付费案例：
合作运营的具体操作手法

第 1 章

顺应变化：
懂营销者借大势

学前提示 >>>

　　微信营销已经成为时下最热门的营销模式之一，要做好微信营销，就要有强大的后备粉丝力量，只有依靠粉丝，才能厚积薄发，达到最佳的营销效果。

　　本章将介绍微信营销的粉丝拉新技巧。

要点展示 >>>

◆ 个人微信粉丝拉新技巧。

◆ 微信公众号粉丝拉新技巧。

1.1 个人微信粉丝拉新技巧

微信的用途很多，包括聊天、交友、打游戏，还有做营销、建立公众号、拓展人际关系、管理资源等。如何为微信拉新引流，是很多微信运营者需要考虑的问题。

现在，大家对微信的认识已经不仅停留在以前那种付钱的层次上，大家已经知道微信不仅是一种聊天工具，还是助人发展事业的平台。但是，也不是人人都能将微信营销做好，了解微信营销的人都知道，做好微信营销的第一步就是拉新引流。

拉新引流，顾名思义，就是拉新用户、引入人流，简单来说就是添加很多好友。通常个人微信营销者先想到的拉新引流办法是加入 QQ 群、找附近的人，但是往往被无情地踢出群，因此引流要讲究方法。下面，笔者为大家介绍个人微信的拉新引流方法，这些招数和公众号引流具备一些共通性。

1.1.1 导入手机通讯录好友

导入手机好友是一种非常简单的引流方法。下面，将介绍导入手机好友的步骤。

步骤 01 单击微信界面右上角的 "➕" 按钮，如图 1-1 所示。

步骤 02 执行操作后，弹出相应的菜单，单击 "添加朋友" 按钮，如图 1-2 所示。

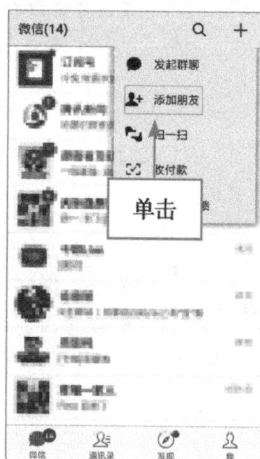

▲图 1-1 单击 "➕" 按钮　　　　▲图 1-2 单击 "添加朋友" 按钮

步骤 03 执行操作后，进入"添加朋友"界面，单击"手机联系人"按钮，如图1-3所示。

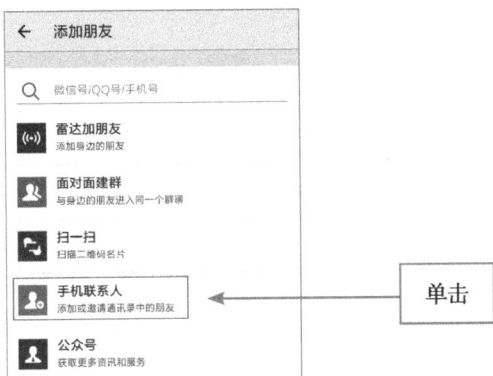

▲图1-3 单击"手机联系人"按钮

步骤 04 执行操作后，进入"查看手机通讯录"界面，在想要添加的好友后面单击"添加"按钮，如图1-4所示。

步骤 05 执行操作后，进入"验证申请"界面，单击右上角的"发送"按钮，如图1-5所示。

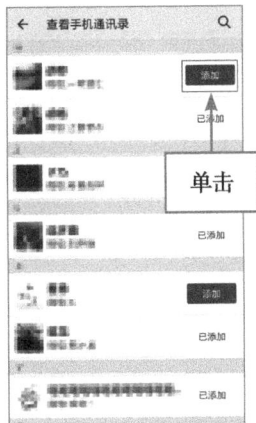

▲图1-4 单击"添加"按钮

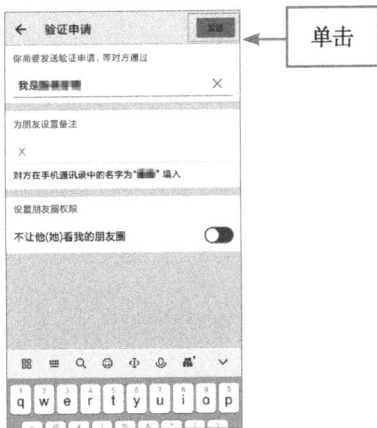

▲图1-5 单击"发送"按钮

1.1.2 用雷达添加聚会认识的好友

聚餐、户外活动等多人聚会的场合是微信运营者拉新引流的好机会。如果逐个扫二维码或搜账号添加好友，效率会很低，因此我们要使用更加便捷的方式来提高添加的效率。微信上有一个便捷的工具——雷达加朋友。

这个方法能够同时添加多人，因此对于多人聚会等活动很有帮助。下面，将介绍具体的操作步骤。

步骤 01 单击微信界面右上角的"➕"按钮，如图 1-6 所示。

步骤 02 执行操作后，弹出相应的菜单，单击"添加朋友"按钮，如图 1-7 所示。

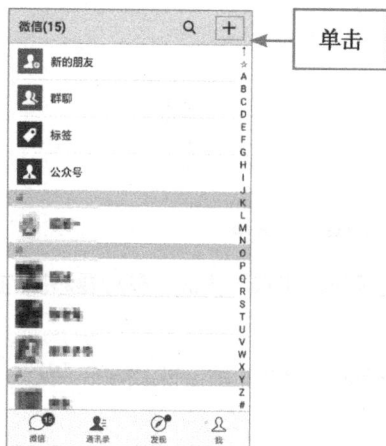

▲图 1-6 单击"➕"按钮

图 1-7 单击"添加朋友"按钮

步骤 03 执行操作后，进入"添加朋友"界面，单击"雷达加朋友"按钮，如图 1-8 所示。

步骤 04 执行操作后，即可显示"雷达添加好友"界面，如图 1-9 所示。

▲图 1-8 单击"雷达加好友"按钮

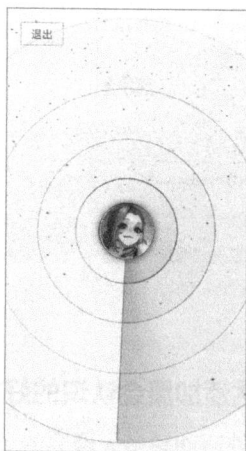

图 1-9 "雷达添加好友"界面

雷达可以反复开启，即使人比较多，只要依照上述方法依次添加搜索到的人，就可以添加完所有的人。

当然，这种方法也有缺陷，雷达扫描时很容易将不认识但同样在使用雷达功能的人添加进去，造成混淆。

值得注意的是，因为这种方法一次性添加的人较多，所以最好在验证消息时表明身份，并且在添加完一位好友后立即设置备注。

1.1.3 实体店扩展法

运营者如果有自己的实体店，那么就可以利用实体店来吸粉引流，因为实体店是可以与客户在线下展开亲密互动的地方，所以这是一种很好的增粉渠道，运营者一定要好好利用这个资源，而且在实体店里和用户面对面地交流，可以消除用户的防备心，赢得他们的好感。

实体店增加微信号粉丝的具体方法如下。

（1）让用户办会员卡，分发礼物，将微信号印在礼物上。

（2）和顾客直白地展开沟通交流，让他们添加微信号。

1.1.4 快递拉新引流法

快递引流法是一种很有优势的引流法，其优势主要表现在以下两个方面。

◆ 接触的人分布广。

◆ 接触的人大部分是热爱购物者。

如果抓住这两点，快递引流法就是一个实际、有效的引流方法，其主要的引流流程如图 1-10 所示。

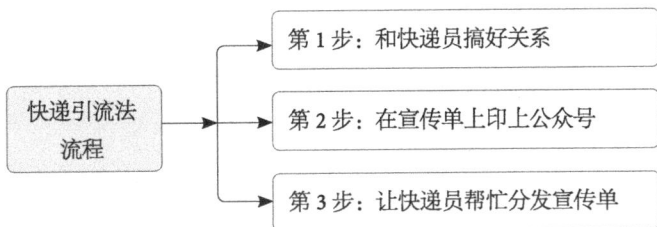

▲图 1-10 快递引流法的流程

1.1.5 问答互动拉新引流法

"百度知道"采用互动的方式，让用户可以搜索和分享各种知识问答，是最常见的问答平台之一。

因为在"百度知道"上不允许发广告，因此"百度知道"引流就需要微信号的运营者通过回答问题的方式，将自己的广告有效地嵌入回复中。

很多人不想采取"百度知道"法引流，有两个方面的原因：一是觉得烦琐，不会回答问题；二是没有合理的广告技巧。

下面，为大家介绍如何在"百度知道"里回答问题。

步骤 01 登录"百度知道"首页，在上方的菜单栏中单击"我的知道"按钮，如图 1-11 所示。

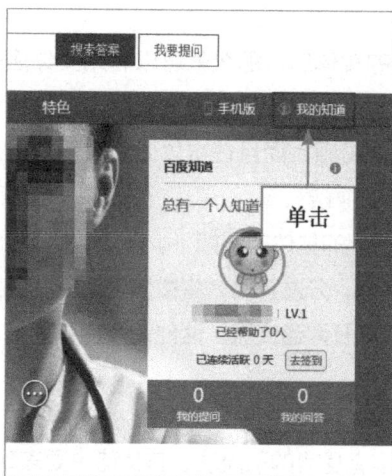

▲图 1-11 单击"我的知道"按钮

步骤 02 执行操作后，跳转至"个人中心"页面，单击"添加＋"按钮，如图 1-12 所示。

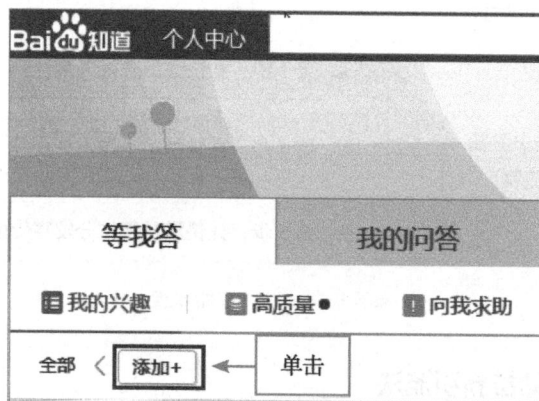

▲图 1-12 单击"添加＋"按钮

步骤 03 执行操作后，弹出相应的菜单，在"在此输入兴趣关键字"文本框中输入关键字，如图 1-13 所示，单击"搜索兴趣"按钮。

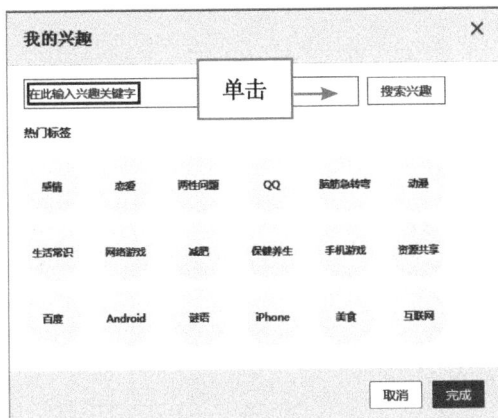

▲图 1-13 输入关键字

步骤 04 执行操作后，进入相应的界面，单击相应的按钮，如图 1-14 所示，然后单击"完成"按钮。

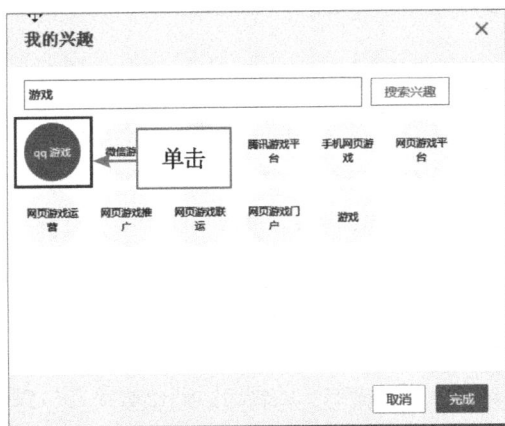

▲图 1-14 单击相应的按钮

步骤 05 执行操作后，进入相应的界面，单击相应的按钮，如图 1-15 所示。

▲图 1-15 单击相应的按钮

步骤 06 执行操作后，进入相应的页面，如图 1-16 所示，运营者在相应的文本框中输入问题的答案，然后单击"提交回答"按钮即可回答问题。

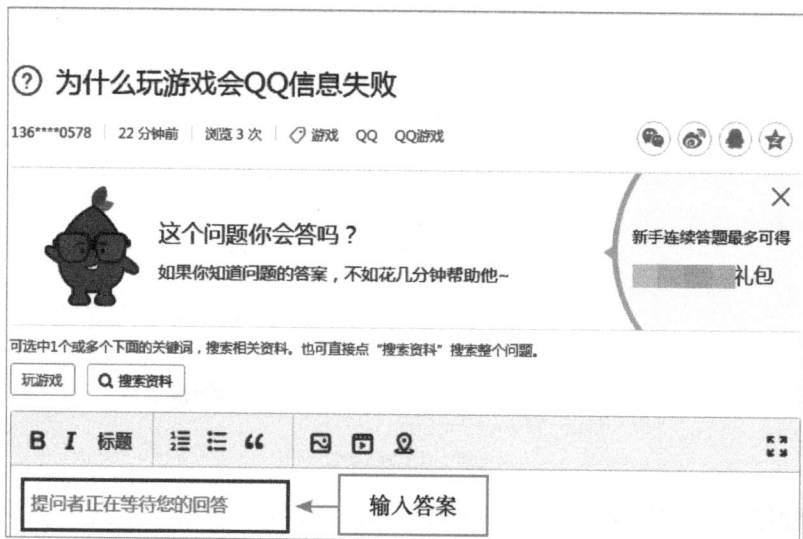

② 为什么玩游戏会QQ信息失败

136****0578 ｜ 22分钟前 ｜ 浏览 3 次 ｜ ⚡ 游戏 QQ QQ游戏

这个问题你会答吗？

如果你知道问题的答案，不如花几分钟帮助他~

新手连续答题最多可得

礼包

可选中1个或多个下面的关键词，搜索相关资料。也可直接点"搜索资料"搜索整个问题。

玩游戏 Q 搜索资料

B I 标题

提问者正在等待您的回答 ← 输入答案

▲图 1-16 进入相应的页面

1.1.6 二维码拉新引流法

只有懂得运用各种方法推广自己的微信号，才有机会做好微信营销。微信营销引流的办法是多种多样的，关键在于执行。每个微信号都有代表自己的二维码，微信平台运营者可以将自己的微信号二维码打印出来，贴到一些抢眼的地方，有产品的运营者可以将微信号的二维码贴到自己的产品上，以此挖掘潜在客户。

1.1.7 QQ 群拉新法

QQ 群有很多热门分类，微信运营者可以通过查找 QQ 群中的热门分类，加入主题符合营销目的的群，进入群后，不要急着推广自己的微信号，先在群里混熟，然后可以在适当时发布广告引流。比如，在减肥瘦身群里，可以发布一段这样的内容：姐妹们，我今天关注了一个微信号，里面有篇文章写得很好，是关于如何使身体各个部位变瘦的，有兴趣的一定不要错过。

下面，以母婴产品 QQ 群为例，讲解查找、申请加入 QQ 群的方法。

步骤 01 单击 QQ "联系人"界面右上角的"添加"按钮，如图 1-17 所示。

步骤 02 执行操作后，进入"添加"页面，单击"找群"按钮，如图 1-18 所示。

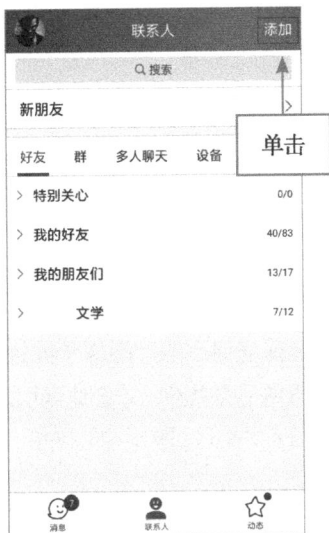

▲图 1-17 单击"添加"按钮

▲图 1-18 单击"找群"按钮

步骤 03 执行操作后，进入相应的页面，单击"生活"按钮，如图 1-19 所示。

步骤 04 进入"群分类"的页面，单击"母婴"按钮，如图 1-20 所示。

▲图 1-19 单击"生活"按钮

▲图 1-20 单击"母婴"按钮

步骤 05 执行操作后，选择某个群，然后单击"申请加群"按钮。

专家
提醒

投广告一定要有技巧，不要生硬地让别人加微信，这种做法是扰民的，如果是在群里，有可能被群主踢出去。

1.1.8 淘宝留言推广拉新法

在淘宝上购买产品后有评价及追加评价的功能，利用评价的功能可以拉新引流。

用淘宝的评价功能进行拉新引流一定要选择与自己的产品属于同类的商品，或与自己的产品的受众群体一致的商品，有精准的受众加你，才会达到引流的效果，那么淘宝的评价页面就相当于一个展示信息的地方了，如图 1-21 所示。

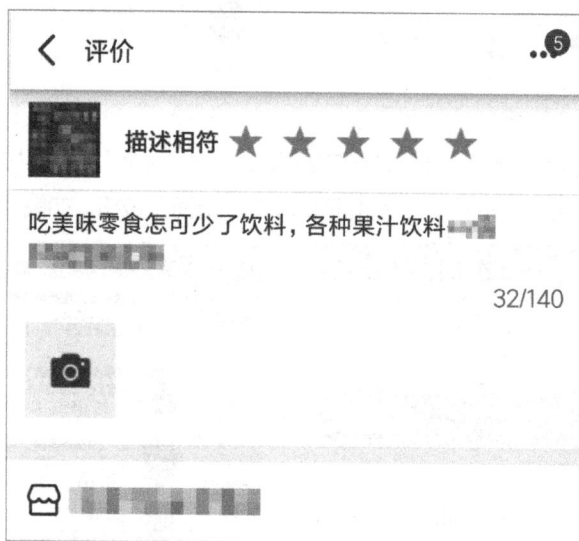

▲图 1-21 淘宝评价里的推广信息

1.1.9 借力百度热词拉新引流法

如今，"标题党"已经屡见不鲜，很多做营销的商家都会利用当下的一些流行词语来吸引用户的视线，微信运营者要懂得利用人们的这种猎奇心理，来吸引微信粉丝的关注。

那么，如何利用百度热词来进行引流呢？首先在计算机上打开"百度搜索风云榜"，寻找热门关键词，如图 1-22 所示。

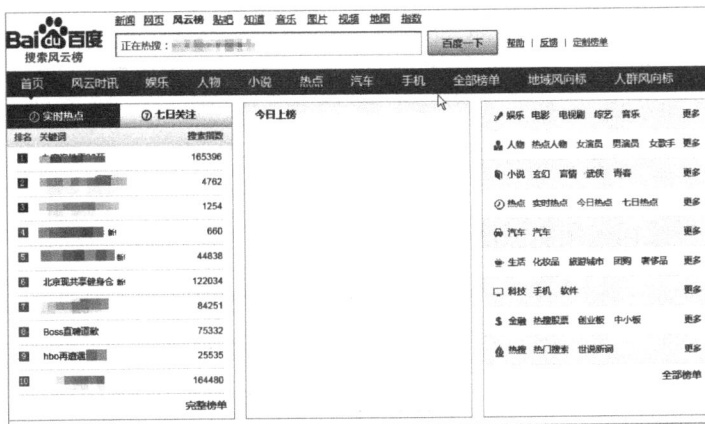

▲图 1-22 百度搜索风云榜

从实时热点、排行榜上，微信运营者可以根据关键词的搜索次数来确定"热词"，然后再结合"热词"发软文。

1.1.10 续集电视节目拉新引流法

所谓续集电视节目，就是那种隔一段时间播放的电视节目，如综艺节目《真正男子汉》《天天向上》等。

微信运营者借助这些续集的电视节目，应该如何引流呢？

借用大型视频网站的热门剧集的影响力来为微信公众号拉新引流是一个很好的、常用的方法，具体操作方法如下。

首先，在"腾讯指数"首页，选择一部电视剧或综艺节目，如电视剧《双世宠妃》，单击"双世宠妃"链接，如图 1-23 所示。

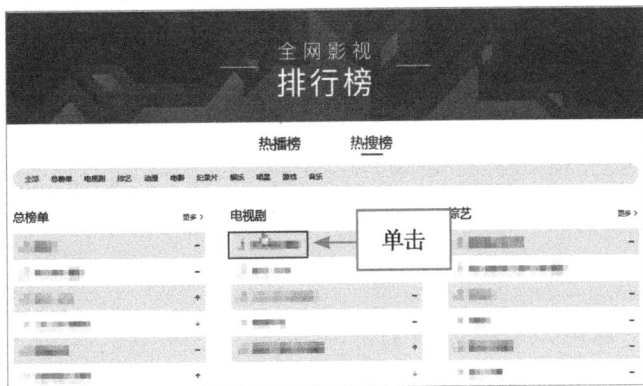

▲图 1-23 单击链接

执行操作后，进入相应的界面。

这部电视剧的第 21 集、22 集还没有播放，因此微信运营者可以在发帖子时放入"双世宠妃第 21 集""双世宠妃第 22 集"这样的关键词，特别是将这样的关键词放入标题，那么就很容易被人搜到。

1.1.11 发红包拉新引流法

近几年"红包"相当火爆，微信的红包功能瞬间就引爆了微信群，于是给微信运营者提供了一招绝妙的引流方法，如图 1-24 所示。

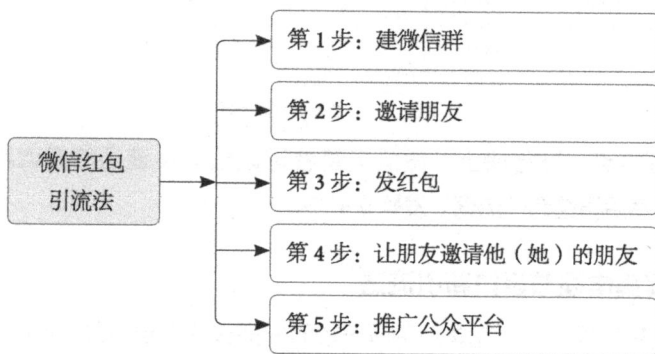

▲图 1-24 微信红包引流法

1.2 微信公众号粉丝拉新技巧

下面，介绍企业微信公众号的引流方法。微信与微博不同，微博是广布式的，而微信是投递式的，因此粉丝对微信公众号来说是尤为重要的。企业微信公众号有 3 种类型：订阅号、企业号、服务号，如图 1-25 所示，不同类型的公众号，其推广方式也不同，运营者要找到适合自己的推广方法。

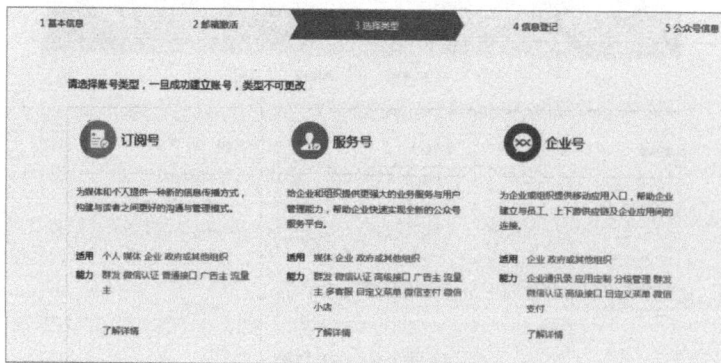

▲图 1-25 公众号的类型

1.2.1 用摇一摇吸引男性受众

众所周知，微信的"摇一摇"功能非常强大，它利用了人们的好奇心，让人们通过"摇一摇"功能就能交到朋友。

微信公众平台也有类似的功能，称为"摇一摇周边"。微信公众号运营者登录微信后台，单击"添加功能插件"按钮，就能进入"添加功能插件"页面，如图1-26所示。

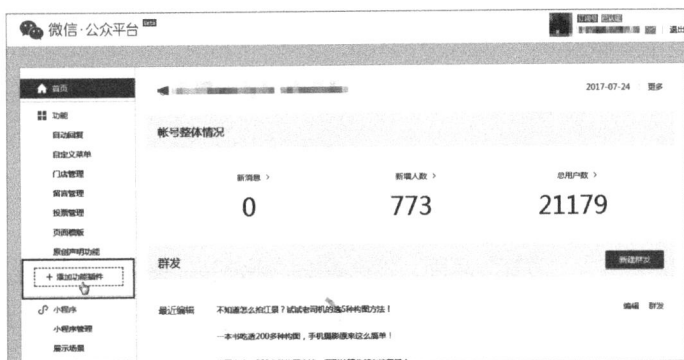

▲图1-26 "添加功能插件"页面

在"添加功能插件"页面找到"摇一摇周边"功能，如图1-27所示，进入相应的页面，然后利用已绑定周边商户的微信扫描页面中的二维码，如图1-28所示，就能授权登录。

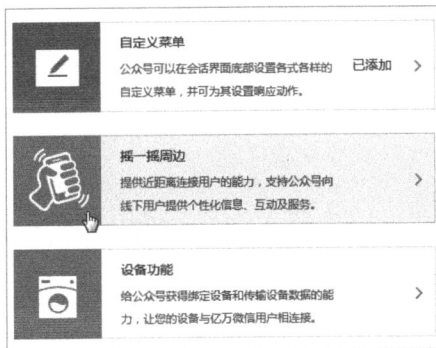

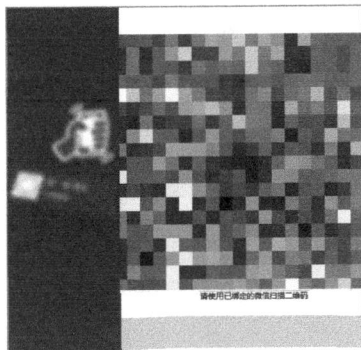

▲图1-27 "摇一摇周边"功能　　　　▲图1-28 利用已绑定周边商户的微信扫描二维码

"摇一摇周边"有很多典型的应用场景，介绍如下。

◆ 商超零售：精准定位引流。

◆ 餐饮：在线点单支付、近处优惠等。

◆ 广告：多屏互动，信息精准送达。

◆ 赛事和演出：分享实时信息。

◆ 展览和会议：有效的信息和服务。

◆ 博物馆和景区：在线购票、定点讲解。

1.2.2 吸引女性受众用漂流瓶

除了"摇一摇"，还有一个可以利用的功能——漂流瓶。"漂流瓶"的优点是能够将信息传给他人，缺点是无法精准定位用户。企业可以注册很多微信公众号，然后在"漂流瓶"里写上企业的微信公众号，利用"漂流瓶"将企业的微信公众号推广出去。

下面，介绍微信"漂流瓶"的使用方法。

步骤 01 单击微信界面下面的"发现"按钮，如图 1-29 所示。

步骤 02 进入"发现"界面，然后单击"漂流瓶"按钮，如图 1-30 所示。

步骤 03 执行操作后，进入相应的界面，单击"扔一个"按钮，如图 1-31 所示。

步骤 04 进入相应的界面，单击左下角的"⌨"按钮，然后在相应的文本框中输入文字，单击"扔出去"按钮，如图 1-32 所示。

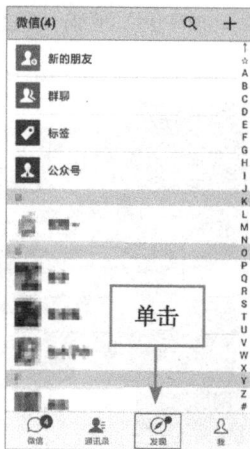

▲图 1-29 单击"发现"按钮　　　　▲图 1-30 单击"漂流瓶"按钮

▲图 1-31 单击"扔一个"按钮　　　▲图 1-32 单击"扔出去"按钮

漂流瓶的数量有限，因此建议每天都用掉，坚持不懈地执行下去。

1.2.3 求签、测试类引流

求签、测试类的分享链接是一种很容易在朋友圈传播的引流方法，这种方法主要是利用朋友圈人际关系和人们的好奇心理来扩散、传播的，如果内容十分吸引人，很容易达到病毒式传播的效果。

1.2.4 邮箱推广拉新引流

QQ 群有一个群发邮件的功能，微信运营人员可以先建立一个群，然后通过群邮件的功能，将微信公众平台上一些精彩的内容推送给大家，如果群成员觉得推送的内容很有趣，就会主动关注微信公众号。

1.2.5 微信公共平台拉新引流

除了利用以上的那些方法为微信公众平台引流，还可以借助一些专门收录各公众微信的网站来进行推广。下面，以"微信聚"为例，了解如何利用其他网站来增加微信公众号的粉丝。

1. 注册——加入微信聚

首先，我们要注册微信聚，注册微信聚的步骤如下。

步骤 01　在微信聚网站首页，单击右上角的"注册"按钮，如图 1-33 所示。

▲图1-33 单击"注册"按钮

步骤 02 执行操作后，进入相应的页面，在相应的文本框填写注册信息，将必须填写的信息填写完整，如图1-34所示。

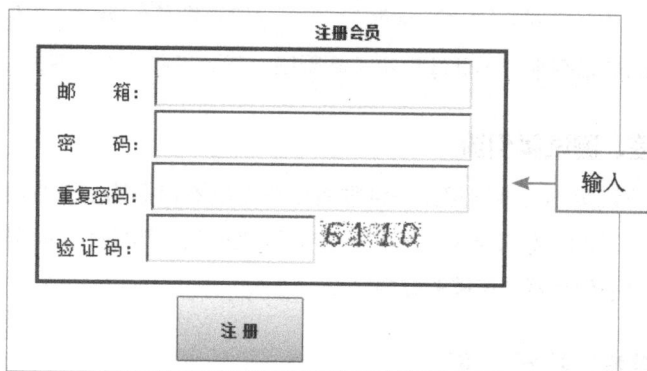

▲图1-34 填写会员注册信息

步骤 03 执行操作后，单击"注册"按钮，即可得到注册成功提示。

> 专家
> 提醒
> 除了以上的方法，还可以扫描微信聚的官方二维码进行注册。

2. 展示——微信公众号

微信公众用户注册成功后，即可登录，登录后就可以在后台进行公众号管理，具体步骤如下。

步骤 01 登录进入微信聚后台，单击"公号管理"按钮，如图1-35所示。

步骤 02 执行操作后，进入相应的页面，单击"发布文章"按钮，如图1-36所示。

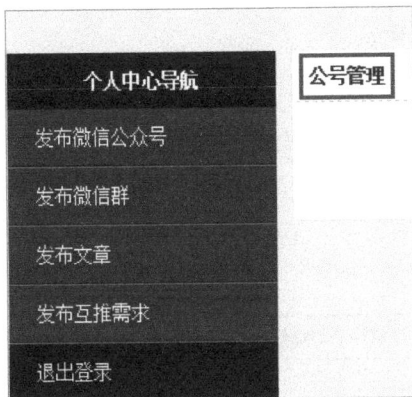

▲图 1-35 单击"公号管理"按钮　　　　▲图 1-36 单击"发布文章"按钮

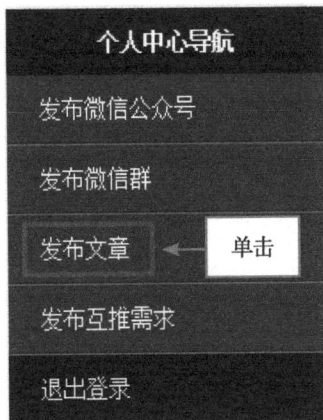

步骤 03 执行操作后，进入相应的页面，在相应的文本框中输入相应的信息，如图 1-37 所示。

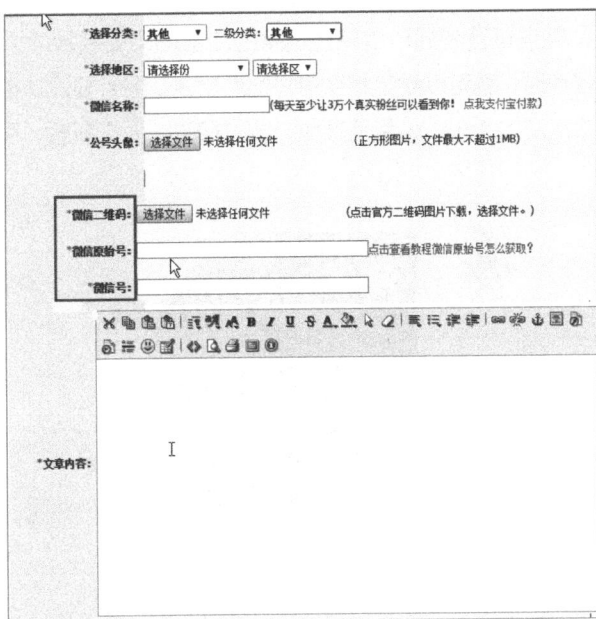

▲图 1-37 在文本框中输入信息

步骤 04 执行操作后，提交的信息将集中展示在平台首页。

1.2.6 个人微信公众号推广

个人微信公众号可以通过摇一摇、漂流瓶等方式为微信公众号进行推广，还可以利用个性化签名来推荐微信公众号。图 1-38 所示就是在个人微信公众号的个性化签名中对微信公众号进行推广的示例。

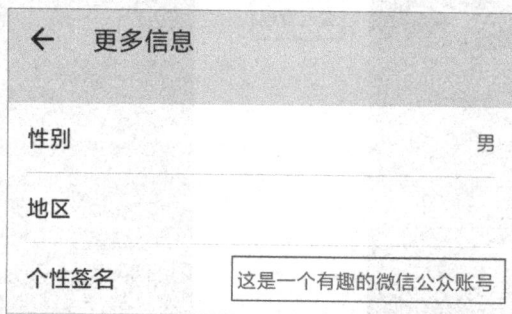

← 更多信息	
性别	男
地区	
个性签名	这是一个有趣的微信公众账号

▲图 1-38 在个性化签名中推广微信公众号

1.2.7 个人名片引流

设计名片是一种传统的、有效的宣传方法，一般的名片上会有基本的个人信息和联系方式，微信运营者还可以将微信号的二维码印在名片中，这样在社交场合与他人交换名片时，就可以趁势将微信号推广出去。名片要设计得个性化一些，特别是公众号二维码的大小、位置及颜色，要么简洁，要么新颖、引人注意，如图1-39 所示。

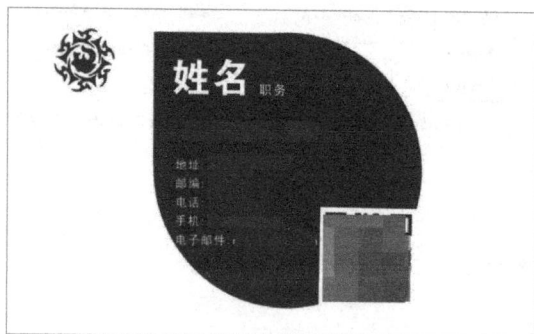

▲图 1-39 名片推广引流法

运营者在向他人传递自己的名片时，可以顺带介绍一下自己的微信公众平台，让大家扫描名片上的二维码添加微信公众号。

1.2.8 线下活动推广

线下推广具有高投资和低回报的特点，虽然并不能确保每一个投放出去的广告都能收到效益，但是广告的投放是必需的。同理，虽然并不是每一次二维码推广都能带来客户，但是商家还是不能放过任何一个潜在的机会，具体流程可以参考以下建议。

◆ 第1步，通过策划线下活动来增强与用户之间的互动性。

◆ 第2步，通过社会化媒体发布消息，吸引粉丝参与活动。

◆ 第3步，在微信中加入活动互动环节。

◆ 第4步，在活动中，通过扫描"二维码"的方式来分发互动内容。

◆ 第5步，线上要很好地维护新引进的粉丝和用户。

1.2.9 线上活动推广

企业除了通过线下活动推广企业微信公众号，还可以通过线上的活动进行推广宣传，但是进行线上活动推广时要注意不能只是单纯地植入广告，因为这样植入的广告获得的关注率是很低的，用户不喜欢看这样的推广信息。

线上推广活动方式多种多样，企业要根据自己的实际情况，选择最适合自己平台的方式进行推广。比如，在微信上发起活动，只要用户添加关注就赠送礼品；以折扣和奖品的方式鼓励用户推广微信公众号，让其身边的亲朋好友都来关注，等等。

1.2.10 朋友圈引流

相信大家都知道朋友圈的力量有多大，微信运营者可以利用朋友圈的强大社交能力为自己的微信公众平台吸粉引流，朋友圈的强大社交能力主要表现在以下两个方面。

◆ 运营者的朋友圈的影响力。

◆ 朋友圈用户的分享和高效传播能力。

值得注意的是，微信运营者在朋友圈拉新、引流时，一定要注意提供有价值的内容，只有能够给用户提供有价值的内容才会引起用户的注意和关注。

第2章

媒体矩阵：
利用亿级平台海量拉新

学前提示 >>> 　　微信公众平台运营者如果想要通过推广获得更多的粉丝，除了可以利用在微信公众平台发布文章及借助第三方微信服务营销系统开展活动等方法，还可以在一些主流的流量平台通过推送文章的方法来为微信公众号获得更多的粉丝。

要点展示 >>>
- ◆ 媒体平台打造精准客户。
- ◆ 工具的高端拉新、引流技巧。
- ◆ 利用一点资讯平台推文导粉。

2.1 媒体平台打造精准客户

除了微信平台，互联网上还有许多的用户量过亿的媒体平台，这些媒体平台各有特色，微信公众号正好可以利用这些媒体平台的特色，精准定位目标客户，这样可以使微信公众号拉新引流工作事半功倍。

下面，就来看一看如何在主流的亿级媒体平台拉新引流。

2.1.1 "一点资讯"媒体平台

"一点资讯"是由一点网聚科技有限公司推出的一款为兴趣而生、有机融合搜索和个性化推荐技术的兴趣引擎软件。

图 2-1 所示是"一点资讯"官网对自己平台的介绍。兴趣引擎是"一点资讯"的特有专利技术，具体介绍如图 2-2 所示。

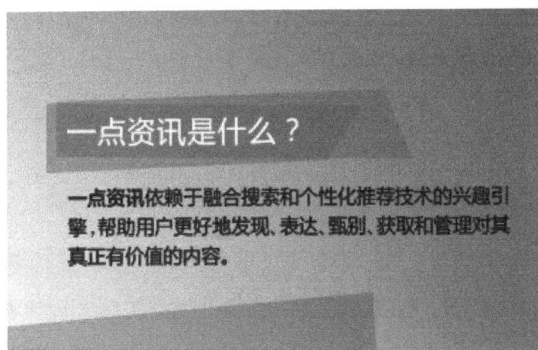

一点资讯是什么？

一点资讯依赖于融合搜索和个性化推荐技术的兴趣引擎，帮助用户更好地发现、表达、甄别、获取和管理对其真正有价值的内容。

▲图 2-1 "一点资讯"官网对自己平台的介绍

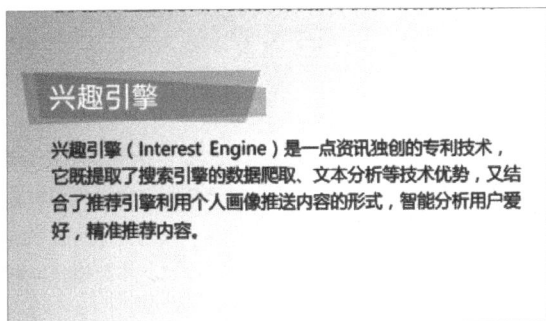

兴趣引擎

兴趣引擎（Interest Engine）是一点资讯独创的专利技术，它既提取了搜索引擎的数据爬取、文本分析等技术优势，又结合了推荐引擎利用个人画像推送内容的形式，智能分析用户爱好，精准推荐内容。

▲图 2-2 兴趣引擎介绍

在"一点资讯"平台上，用户可以看见各个领域的最新信息，该平台主要有

24 个类别的信息频道，大大满足了各种用户的阅读的兴趣爱好，使一个平台满足他们所有的阅读需求，图 2-3 所示是其部分信息频道。

▲图 2-3 "一点资讯"平台上的部分资讯频道

在清楚了"一点资讯"平台最基本的情况后，笔者将从平台特色、平台价值、平台的技术力量和兴趣营销这 4 点，深入介绍"一点资讯"平台。

1. 特色

"一点资讯"平台凭借有特色的兴趣引擎技术为用户实现了个性化新闻订阅，基于用户的兴趣，为用户提供信息内容。

"一点资讯"可以借助用户登录时选择的社交软件类型、兴趣频道等收集相关信息，整理成数据资料，然后根据这些资料推测出用户感兴趣的新闻领域。"一点资讯"的平台特色主要表现在两点，如图 2-4 所示。

2. 价值

"一点资讯"平台的价值主要可以从两个方向理解，一个是在行业领域的价值，一个是对用户的价值。

从行业领域方向出发，"一点资讯"平台凭借收集、整理各种信息，然后通过兴趣频道分发信息内容的方式，能够帮助各种类型的新闻媒体者快速定位最适合他们的用户，同时还能够帮助整个信息领域搭建更好的行业生态系统，加速行业内的信息流通、提高行业的商业价值，实现媒体、广告主、渠道等主体的多赢局面。

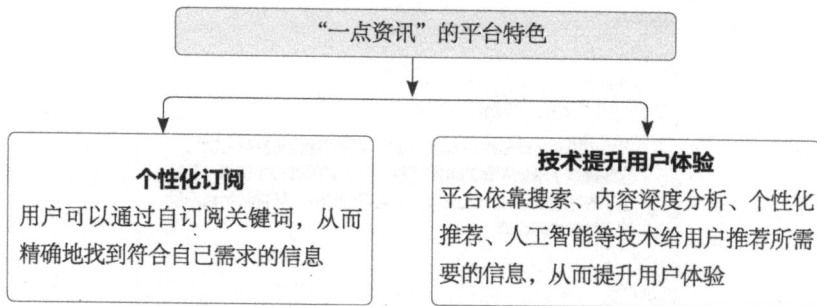

▲图 2-4 "一点资讯"的平台特色

从用户方向出发，主动为用户提供感兴趣的、独特的优质信息内容，大大减少了用户寻找喜欢的信息所花费的时间，从而使用户的阅读效率有了大幅度的提高。

3. 技术

兴趣引擎技术是"一点资讯"平台最核心的技术力量，它是结合了搜索引擎和个性化推荐引擎的特点，而形成的一种新的信息搜索引擎。

兴趣引擎，依靠平台系统对用户订阅的信息、搜索的关键词等操作行为，挖掘出更多用户感兴趣的信息，然后精准地抓住平台用户阅读的兴趣需求，将他们最需要的新闻信息在最短的时间内传递给他们。

4. 营销

基于兴趣引擎，"一点资讯"平台可以实现基于用户兴趣为用户提供定制化内容的兴趣营销。

"一点资讯"平台的兴趣营销指的是，平台借助其核心的兴趣引擎技术来进行平台上的广告商业业务，具体如图2-5所示。

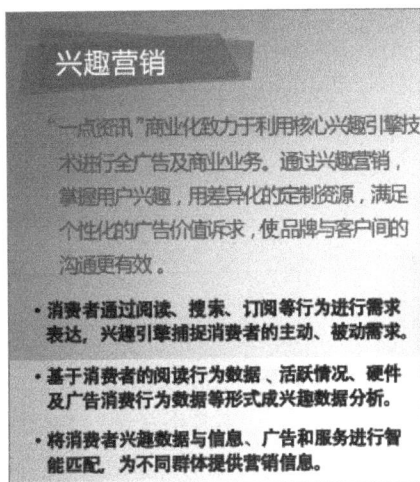

▲图2-5 兴趣营销相关内容

2.1.2 搜狐公众媒体平台

搜狐公众平台，是搜狐门户下的一个融合搜狐网、手机搜狐、搜狐新闻客户端三大资源于一体的平台。图2-6所示是搜狐公众平台的官方介绍。

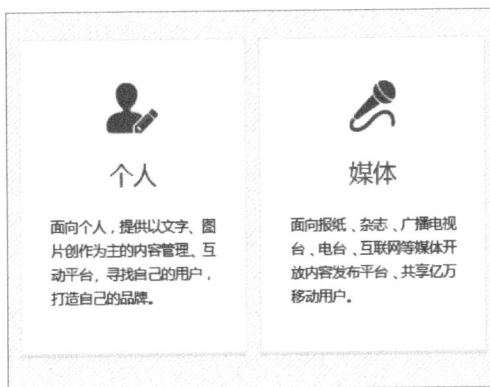

▲图2-6 搜狐公众平台对自己的介绍

搜狐公众平台的资源力量是比较充足的。图 2-7 所示是搜狐对自己平台具有的原创功能的介绍。

▲图 2-7 搜狐官网列举出的自己平台的功能

搜狐公众平台凭借搜狐旗下一系列的资源，拥有自身独特的平台优势，它的优势主要体现在以下几个方面，具体如图 2-8 所示。

正如搜狐公众平台登录页面的广告语"亿级用户流量再小，个体也能打造自己的媒体影响力"所言，结合平台的自身优势，此平台确实是微信公众平台运营者用来为公众平台引流的好渠道。

搜狐公众平台为用户提供了多种登录方式，并且只要拥有一个账号，即可登录搜狐旗下的搜狐视频、搜狐新闻、搜狐博客等产品，这在很大程度上为用户提供了方便，减少了用户注册账户的麻烦。图 2-9 所示是搜狐公众平台的登录页面。

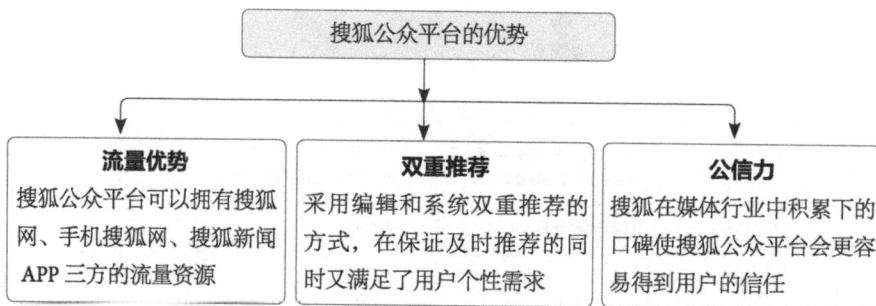

▲图 2-8 搜狐公众平台的优势

▲图2-9 搜狐公众平台的登录页面

2.1.3 大鱼号·媒体服务平台

大鱼号，即"大鱼号·媒体服务平台"。"大鱼号·媒体服务平台"是我国信息平台行业中第一家舆情公开展示的平台，在该平台上的媒体服务有两部分，分别是订阅号、机构媒体。

"大鱼号·媒体服务平台"基于 UC 浏览器目前拥有的约 6 亿用户，以及每个月大约 4 亿的活跃用户，为微信运营者提供了绝佳推文导粉条件。据有关报道显示，微信运营者在大鱼号上进行推广，有影响力的文章，单篇阅读人次可以轻松超过 10 万，好一些的文章，其单篇阅读人次甚至可以上百万。

大鱼号主要由两个部分组成，包括数读舆情，以及订阅号、机构媒体。

1. 数据流

"大鱼号·媒体服务平台"是我国所有的信息平台中第一个以全网舆情作为基础，以动态可视化作为形式的一个公开性展示平台。数读舆情使"大鱼号·媒体服务平台"对外展示的部分，数读舆情不仅能够帮助新闻创作者从更多的方向和层次挖掘出更多的新闻热点，同时它还能给用户提供一站式、多层次的信息，丰富用户的阅读世界。

用户只要单击页面中的全国各地的某一个省份，在该页面的右侧就会出现该省份最热门的新闻信息，用户在这个页面上就可以了解当地发生的重大新闻事项及当地人们最关心的新闻。

大鱼号平台的数读舆情主要包括 3 个部分内容，具体如图 2-10 所示。

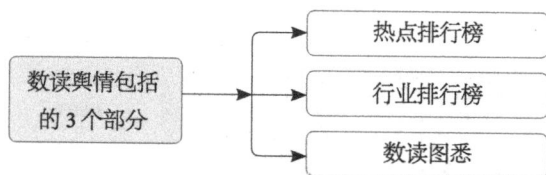

▲图 2-10 数读舆情包括的 3 个部分

下面，详细介绍这 3 个部分。

（1）热点排行榜

在数读舆情的热点排行榜中，主要包括了热点榜单、分类内容榜单、人群风向标 3 部分的内容，每个部分的内容所包含的新闻是全网的，不局限于大鱼号这一个平台的新闻。

（2）行业排行榜

在大鱼号平台的数读舆情的行业排行榜中，包括机构媒体、自媒体榜单、人群风向标 3 个部分的内容，用户进入这 3 个部分中的任何一个都可以看见相关的最热排行。

（3）数读图悉

大鱼号平台的数读舆情的数读图悉这一部分，主要是大鱼号平台联合第三方或独自针对一些舆情事件，分析出的大数据报告。

用户进入该页面，就可以看见一些 UC 给出的大数据报告，如"UC 行业指数电影大数据"，用户只要进入相关页面就可以看见 UC 联合第三方给出的电影相关的大数据分析。

2. 订阅号

大鱼号平台的订阅号具有强大的推送能力及商业变现能力，用户黏性高，同时该订阅号有以下 4 个核心功能。

◆ 创作
◆ 运营体系
◆ 赋能体系
◆ 社区

2.1.4 企鹅媒体平台

企鹅媒体平台，是由腾讯推出的一个媒体平台，原名是腾讯开放媒体平台，在"芒种大会"后改名为目前这个名字。虽然企鹅媒体平台也是由腾讯公司推出的产品，但它和 QQ 公众平台并不是同一个产品。

据悉，企鹅媒体平台正在迅猛发展，目前约有 8 万个企鹅号入驻平台，并持续增长，因此企鹅媒体平台对微信公众平台运营者来说，是一个很有前景的推文导粉平台。

企鹅媒体平台主要拥有以下 5 个特点。

1. 流量优势

企鹅媒体平台借助腾讯庞大的用户群体，以及腾讯旗下腾讯新闻、微信新闻插件、天天快报等产品的支撑，在流量数据方面拥有得天独厚的优势。

2. 内容强大

企鹅媒体平台为平台上的内容生产者提供了强大的、实用的内容生产工具，并且为创作者提供了图文编排、数据分析、文章统计等，让平台内容创作者可以简单、便捷地进行内容生产。

3. 盈利渠道

腾讯给予了企鹅媒体平台上的优质原创型自媒体、媒体全年共计两亿元的补贴，以及创作者在此平台上所有的广告收入全部归作者本人的鼓励政策，为平台上的自媒体、媒体提供了盈利渠道。

4. 资源分配和用户管理

企鹅媒体平台为平台上的自媒体、媒体创作的内容提供了更多的曝光机会，使他们的文章能够出现在天天快报等腾讯旗下产品中，而且还能够更加方便地与平台的用户、粉丝进行互动，社群管理，等等。

5. 入驻媒体类型多样

在企鹅媒体平台上提供了 5 种可入驻的媒体类型，如图 2-11 所示。

	个人	媒体	企业	政府	其他组织
适用类型	适合个人写作者	通讯社、报刊杂志、电视台、电台和有新闻资质的网站等	企业及其分支机构等	国内外各级政府机构、事业单位和参公管理的社团组织等	不属于媒体、企业和政府的其他组织
准备材料	申请人身份证信息	组织名称	企业铝盘	机构名称	组织名称
	申请人手持本人身份证的照片	组织机构代码	企业营业执照注册号	公函	组织机构代码
	无	运营者身份证信息	运营者身份证信息	运营者身份证信息	运营者身份证信息
	无	运营者手持本人身份证的照片	运营者手持本人身份证的照片	运营者手持本人身份证的照片	运营者手持本人身份证的照片

▲图 2-11 企鹅平台上的多种媒体

2.1.5 QQ 公众媒体平台

QQ 公众平台是腾讯继微信公众号后推出的产品。QQ 公众号与微信公众相比，其形式也分为 3 种，分别是订阅号、服务号、购物号，这 3 种公众号的具体信息如图 2-12 所示。

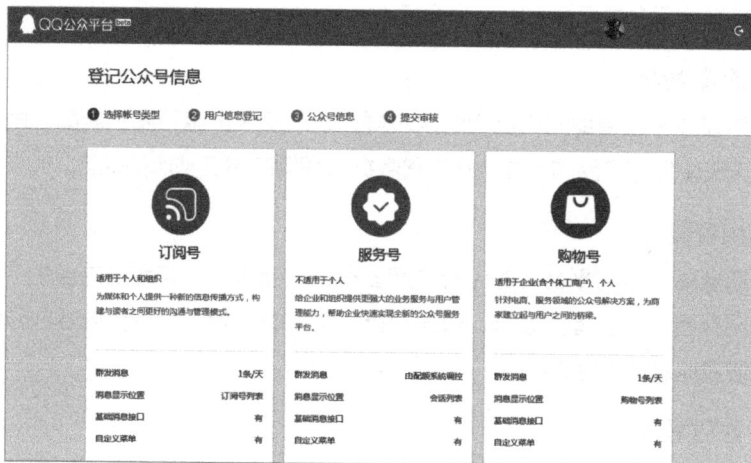

▲图 2-12 QQ 公众号的 3 种类型

QQ 公众平台的订阅号和服务号也可以进行认证，认证后的订阅号和服务号，其功能权限会有所区别，如图 2-13 所示。

权限	订阅号	认证订阅号	服务号	认证服务号
群发消息	1条/天	1条/天	配额系统调控	配额系统调控
消息显示位置	订阅号列表	订阅号列表	会话列表	会话列表
基本的消息接收/回复	✓	✓	✓	✓
自动回复消息	✓	✓	✓	✓
粉丝消息管理	✓	✓	✓	✓
自定义菜单	✓	✓	✓	✓
场景消息	-	-	-	✓
高级接口能力	-	-	-	✓
支付能力	-	-	-	可申请

▲图 2-13 订阅号和服务号的区别

QQ 公众号与微信公众相比较，其注册过程要简单得多，用户可以直接使用自己的 QQ 账号注册 QQ 公众号，一个 QQ 号只能注册一个公众号，具体的注册流程如图 2-14 所示。用户也可以使用 QQ 号直接登录，登录后 QQ 号将绑定公众号。

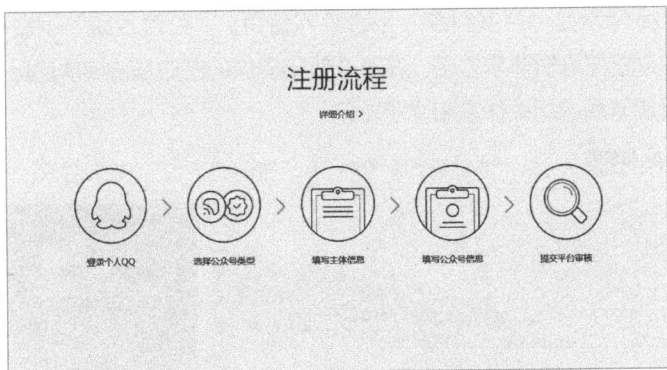

▲图 2-14 QQ 公众号注册流程

QQ 公众平台凭借 QQ 积累的众多的用户，以及平台自身的技术优势、大量的数据等资源，成了微信公众号运营者用来进行引流、吸粉的一个很好的平台。

近 10 亿腾讯用户规模的 QQ 公众平台，几乎是不用为用户的来源而发愁的。据统计，在 QQ 公众平台公测期间，3 000 个公测资格在 1 秒内就被抢完；在公测期间，注册申请的人就有 11 万，而平台的页面访问量达到了 300 万次，未来注册用户和平台页面访问量将持续增长。

因此，借助 QQ 公众平台的微信公众平台运营者在推文过程中可以收获的粉丝量不容小觑。

2.1.6 百度百家媒体平台

百家号——"百度百家"平台，是百度旗下的一个自媒体平台，于 2013 年 12 月正式推出。运营者入驻"百度百家"平台后，可以在该平台上发布文章，然后平台会根据文章阅读量支付运营者，同时"百度百家"平台还以百度新闻的流量资源作为支撑，帮助运营者进行文章推广、扩大流量。

"百度百家"平台的新闻有 4 大模块，如图 2-15 所示。

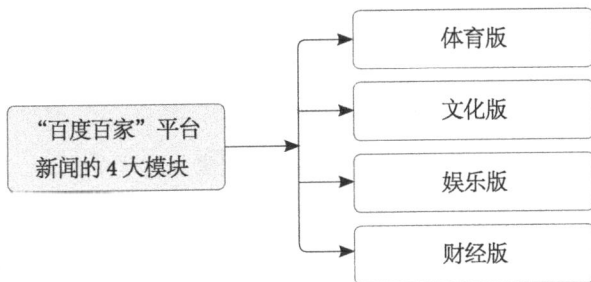

▲图 2-15 "百度百家"平台新闻的 4 大模块

图 2-16 所示是"百度百家"平台官网首页。"百度百家"平台布局清晰明了，用户在浏览新闻时非常方便。在每个新闻模块的左边是该模块的最新的新闻，右边是该模块新闻的相关作家和文章排行。

▲图 2-16 百度百家平台官网首页

百度公布了百家号的最新数据情况，自 2013 年 9 月 28 日开放注册至 2013 年 10 月 12 日，其平台已拥有 105 083 个注册用户，其中通过的用户为 21 708 个，并创下了平台上单篇文章最高收入 6 013 元的成绩。由此可见百度百家平台的受欢迎程度及收益的可观性，这些情况对微信公众平台运营者是有利条件。

2.1.7 知乎平台媒体平台

"知乎"平台，是一个社会化问答社区类型的平台，目前月访问量上亿。"知乎"平台的口号是"与世界分享你的知识、经验和见解"。知乎拥有 PC、手机两种客户端。

用户要注册、登录才能够进入平台首页，图 2-17 所示是"知乎"平台 PC 客户端的注册页面。用户在注册时需要输入自己的职业或专业，如图 2-18 所示。

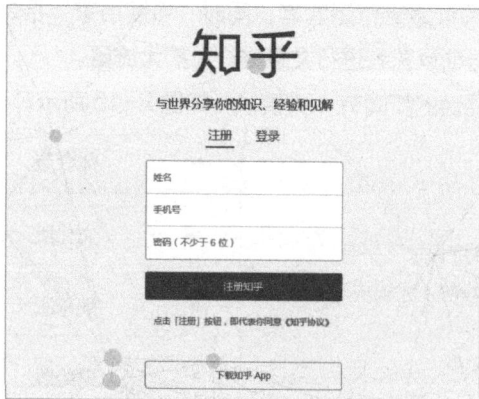

▲图 2-17 "知乎"平台注册页面

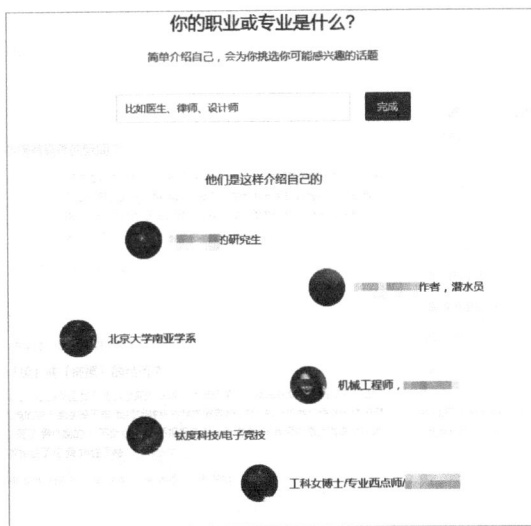

▲图2-18 "知乎"平台输入职业或专业页面

用在输入自己的这些信息后，会出现一个需要选择感兴趣话题的页面，用户对于这里的选择可以自主。

2.1.8 网易媒体开放平台

网易媒体开放平台是网易推出的一个新媒体平台，运营者可以在网易媒体开放平台利用多种形式进行软文广告吸粉引流。

网易媒体开放平台为用户提供了 4 种类型的账号，包括媒体号、自媒体号、组织机构号及企业号，每种账号的功能各有不同，这 4 种类型的账号的相关信息如图 2-19 所示。

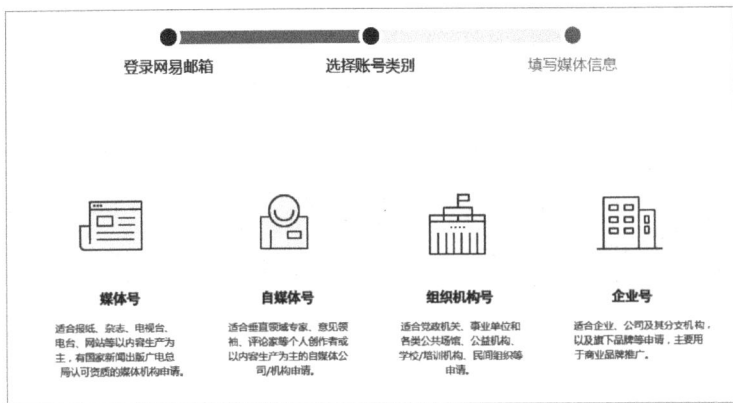

▲图 2-19 网易媒体开放平台提供的 4 种账号

网易媒体开放平台拥有 4 大平台特色，如图 2-20 所示。

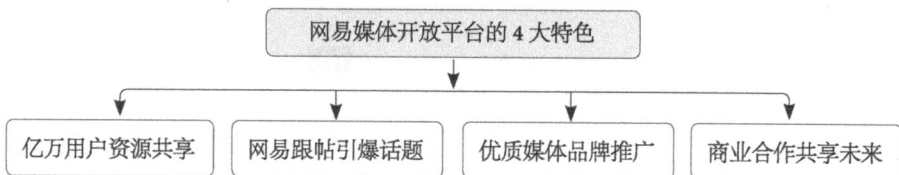

网易媒体开放平台的 4 大特色

| 亿万用户资源共享 | 网易跟帖引爆话题 | 优质媒体品牌推广 | 商业合作共享未来 |

▲图 2-20 网易媒体开放平台的 4 大特色

运营者要入驻网易媒体开放平台，就必须要有网易邮箱或网易通行证。图 2-21 所示是网易媒体开放平台的用户登录页面。

▲图 2-21 网易媒体开放平台的用户登录页面

2.1.9 简书媒体开放平台

"简书"平台，是一款推出的结合了写作与阅读的社交型互联网产品，同时它也是一个基于内容分享的社区。简书拥有 3 种客户端：PC 客户端、PC 网页端和手机客户端。图 2-22 所示是简书 PC 网页端首页。

▲图 2-22 "简书"平台 PC 网页端首页

"简书"平台拥有以下4项功能，这些功能能够满足简书用户的大部分需求，同时能够为用户提供更好的使用体验。具体介绍如下。

- 阅读功能：用户可以随时阅读简书上各种类型的文章。
- 写作功能：用户可以在平台上写自己的文章，并将其发表在平台上。
- 交流功能：用户可以在平台的文章下通过评论方式与作者交流与沟通。
- 分享功能：用户可以将平台上自己喜欢的内容分享到其他平台上。

2.2 工具的高端拉新引流技巧

"韩信点兵，多多益善"，拉新引流也是一样，入驻亿级平台对拉新引流工作的需求还远远不够，广阔的互联网世界还有许多可以用于拉新引流的工具。

下面，介绍3种利用互联网资源拉新引流的方法。

2.2.1 借用BAT引流

所谓"BAT"，是指百度、阿里巴巴、腾讯这三家互联网巨头企业，它们在互联网上的市场占有率非常高，互联网的各领域都有它们旗下的相关产品。并且它们的各类产品之间大多是可以相通的，所以BAT提供的平台非常适合微信运营者用来拉新引流。

BAT提供了哪些适合拉新引流的平台呢？具体分析如下。

1. 百度

百度作为全国最大的搜索网站，用户数量众多，十分适合拉新引流。如果你问别人问题，是不是常常会得到"百度一下你就知道"这样的回答？这句话其实就足以显示出百度的实力了，多年过去百度依然是人们获取信息、查询资料的重要平台。

所以，用"百度"平台引流，是微信公众号运营者不可错过的选择。如果受众能在"百度"平台上找到与微信公众号相关的信息，公众号就等于获得了流量入口。

"百度"平台提供的用于拉新引流的产品主要有6个，如图2-23所示。

▲图2-23 百度平台上用于拉新引流的主要产品

2. 阿里巴巴

阿里巴巴是全球领先的 B2B 电子商务网上贸易平台，其旗下的淘宝改变了很多人的购物习惯，但是很多人都没有利用这个平台来宣传自己。不过在阿里巴巴的平台上做微商的引流要尽量隐蔽，毕竟阿里巴巴与腾讯是竞争对手，在"阿里巴巴"平台上推广微信公众号很容易被封。

"阿里巴巴"平台提供的用于拉新引流的途径主要有 6 个，如图 2-24 所示。

▲图 2-24 "阿里巴巴"平台上用于拉新引流的主要途径

3. 腾讯

QQ 是腾讯公司的主力品牌，同时也是最早的网络通信平台，因其资源优势和底蕴，以及庞大的用户群，微信公众号运营者必须巩固 QQ 的阵地，QQ 群、QQ 空间就是大家拉新引流的前沿。

在"QQ"平台中拉新引流主要有以下 6 种途径，如图 2-25 所示。

▲图 2-25 "QQ"平台上用于拉新引流的主要途径

2.2.2 借用工具拉新引流

如今的互联网平台越来越注重交互功能，几乎所有平台都会有最基本的留言功能，大型的平台还会有更多的方便信息交互的功能和小工具，微信运营者要充分利用好这些工具，为拉新引流服务。

以下将介绍 4 种利用工具拉新引流的方法。

1.@ 拉新引流法

大家对于"@"应该都不陌生，自 2009 年 9 月 25 日新浪微博官方博客发表博文《@ 功能上线，微博上交流更方便》后，微博 @ 时代诞生了。"@"谐音"爱他"，是用来提醒他人查看自己所发布消息的工具。

@ 在拉新引流中具体的方法如下。

◆　微博是一种将信息以裂变的方式传播出去的平台，那么在这样一个平台上，利用 @ 工具进行主动引流也是个不错的方式。在微博上利用 @ 工具进行主动引流，主要是主动 @ 微博的"大 V"或其他精准的账号。

◆　QQ 空间 @ 好友提醒好友查看说说，发表日志时使用"通知好友"将日志信息推送给好友，使用"通知好友"最多可以通知 30 个好友。

◆　利用 @ 工具进行线下引流，将线下资源转到线上来。线下沙龙举行各类活动，在活动结束后，可以要求大家发朋友圈总结沙龙的内容或发表自己参加这次沙龙的感悟，然后在发朋友圈时 @ 一下沙龙的主讲人，主讲人随意说一个数字，在 @ 他（她）的人中进行抽奖。

2.APP 拉新引流法

APP（Application），即移动应用程序（也称手机客户端）。APP 引流就是指通过定制手机软件、SNS 及社区等平台上运行的应用程序，将 APP 的受众引入到微信公众号中的引流方式，APP 的引流方式如图 2-26 所示。

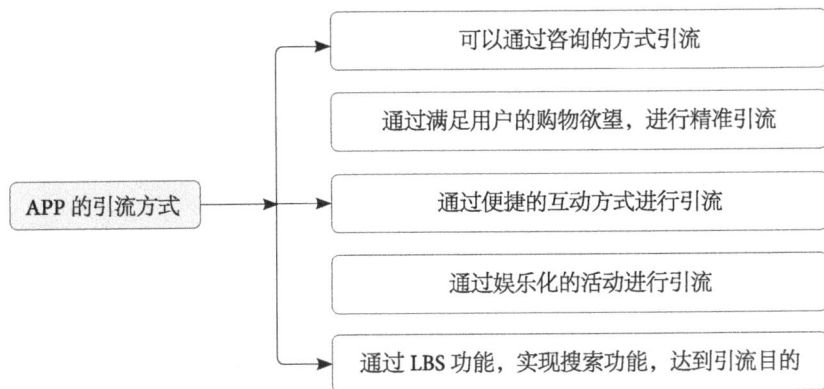

▲图 2-26 APP 的引流方式

3. 电子书拉新引流法

微信公众平台运营者利用电子书进行引流有以下几点优势，如图 2-27 所示。

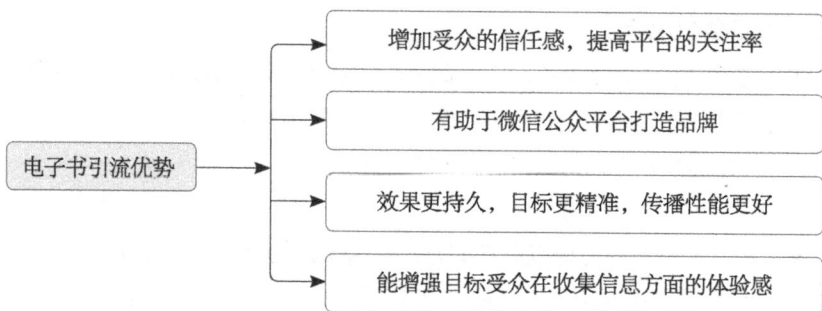

▲图 2-27 电子书引流优势

电子书可以通过以下几种方式进行传播，如图 2-28 所示。

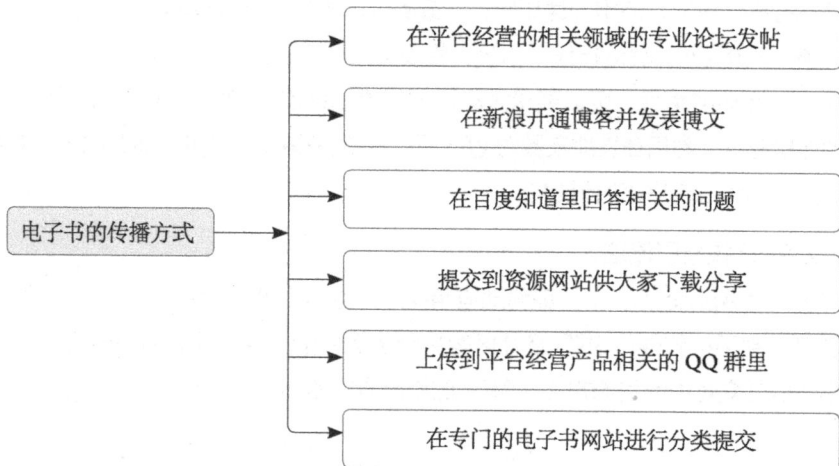

▲图 2-28 电子书的传播方式

电子书引流有以下几个特点。

◆ 制作简单，价格低廉。

◆ 可以通过受众进行离线传播。

◆ 传播的时效性比较长。

◆ 可以升级为图文并茂的电子杂志。

4. 资源拉新引流法

运营者可以找一些软件资源，发布到网站上，可以在文章中这样写："×××软件，不知道大家是否需要，如果需要的可以加我微信！"可以在文章中附上软件的截图，或者可以分享部分软件，附上说明："有空的时候发邮箱，如果急需的可以加我微信，微信号：×××"，再加上自己的微信二维码。

这个方法适用于那些有不错的软件资源的人，运营者还可以根据自己的产品和行业去寻找一些有用的软件。

2.2.3 借用视频拉新引流

目前市面上的视频平台非常多，如爱奇艺、搜狐视频、腾讯视频、土豆视频等，微信公众平台运营者可以借助这些视频平台来进行引流。但多数微信运营者并不会在这些大型视频平台上直接通过视频来进行拉新引流，因为在这些成熟的视频平台中，通常只有高质量的视频作品才能拉新引流。

现在互联网上流行短视频，相比文字和图片，短视频能让潜在受众对微信公众平台有直观的判断，一旦潜在受众认定，那么他们就将会转变为微信公众平台的精准受众。

如果微信运营者需要在短期内快速拉新引流，利用短视频就是一个很好的方法，通常微信运营者会利用以下4个短视频平台进行拉新引流，如图2-29所示。

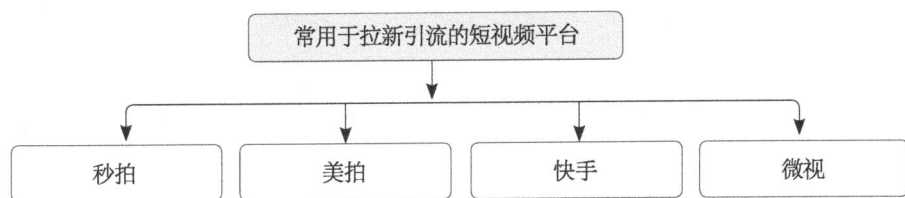

▲图2-29 常用于拉新引流的短视频平台

2.3 引流涨粉：**利用一点资讯平台推文导粉**

平台没有粉丝，就算栏目做得再好，也无法实现盈利，因此，平台的运营者如果想要实现推广变现，就必须先利用新媒体平台为公众平台吸粉引流，然后才能通过栏目实现推广变现，本节笔者以一点资讯平台为例为大家讲解推文导粉的实战技巧。

2.3.1 入驻前的准备工作

微信运营者在入驻一点资讯平台前，要先弄清楚注册该平台所需要的资料，并将这些资料准备好。在清楚了提前准备好平台注册所需资料的好处之后，那么微信运营者在注册一点资讯平台究竟该准备哪些资料呢？

以注册个人媒体为例，经过笔者的搜集与归纳之后，总结出微信运营者在注册一点资讯平台时需要准备以下资料，具体如下所示：

（1）常用的邮箱

微信运营者在注册一点资讯平台的账号之前，需要准备一个常用的邮箱，因为在注册一点资讯平台时，注册页面上就提醒了注册者该邮箱将作为账号激活使用，如图2-30所示。

▲图2-30 一点资讯注册页面上关于邮箱的提醒

（2）一张头像

微信运营者在准备注册资料的时候，需要准备一张可以用于媒体头像的图片。这张图片要清晰，同时最大不可超过2M，300像素×300像素。

（3）入驻人身份证及联系电话

微信运营者在注册一点资讯平台填写资料时，必须要填写入驻人的证件号和联系方式，而且还会需要用到身份证拍照，所以入驻人要提前准备好自己的身份证跟一个使用中的电话号码。

（4）其他的联系方式

平台入驻者除了要准备一个正在使用的联系电话之外，还需要准备一个常用联系邮箱和其他的联系方式，如QQ、微信等。其中，联系邮箱也可以是注册账号时用到的邮箱，确保能够收到平台的通知。

（5）媒体材料以及材料证明

微信运营者在准备入驻一点资讯平台的资料时还需要准备相关的媒体材料证明，这些证明包括本人专栏或者其他媒体平台上的主页链接URL，以及该平台相关的图片材料证明。

（6）平台入驻人手持身份证所拍的正面照

微信运营者在入驻一点资讯平台时，还有需要准备一张入驻者本人手持身份证所拍的正面照片，照片要求身份证件上的信息清晰可辨，照片大小不能超过2M。

2.3.2 正式入驻一点资讯平台

微信运营者在做好一系列入驻平台的准备工作之后，即可开始入驻一点资讯平台了，入驻一点资讯平台可以分为 3 个步骤，分别包括注册、选择入驻方式和填写信息。接下来笔者以微信公众平台"手机摄影构图大全"入驻个人媒体为例，为大家演示入驻的详细过程。

步骤 01 首先，在电脑端的浏览器中输入"一点资讯"或者进入一点资讯的官网，然后，单击页面上的"一点号"按钮，在出现的一点资讯的登录页面上，单击"注册"按钮，如图 2-31 所示。

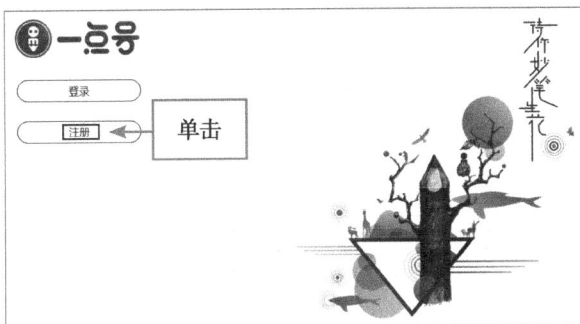

▲图 2-31 单击"注册"按钮

步骤 02 执行操作后，即可进入"账号注册"页面，根据页面提示，微信运营者在用户名处填上之前准备好的 QQ 邮箱号，输入密码及验证码，然后单击页面上的"注册"按钮即可，如图 2-32 所示。

▲图 2-32 单击"注册"按钮

步骤 03 执行操作后，系统则会给注册的 QQ 邮箱发送一封邮件，微信运营者验证完邮箱后即可进入"入驻类型"选择界面，选择好入驻类型，单击"下一步"按钮，如图 2-33 所示。

▲图 2-33 单击"立即确认邮箱"按钮

步骤 04 执行操作后，即可进入"详细信息"的填写页面，填写完成后，单击最下方的"提交"按钮，如图 2-34 所示，即可完成注册。

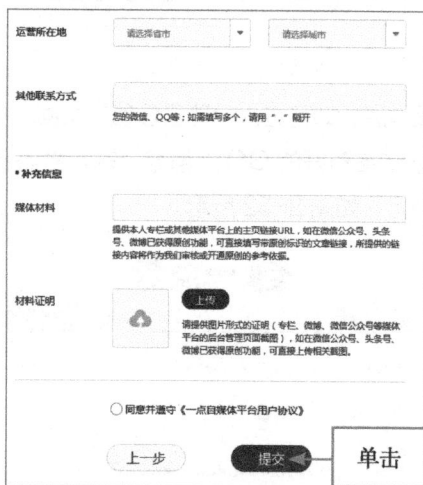

▲图 2-34 单击"提交"按钮

执行此操作后，页面将跳转到一点资讯平台官网的首页，同时一点资讯平台账号也就注册成功了。

2.3.3 撰写推送软文文章导粉

进入"一点资讯"的后台之后，运营者就可以在后台编写要推送的软文文章了。软文文章的推送要从标题、字体格式、图片、封面、预览等多角度进行介绍，相关分析如图 2-35 所示。

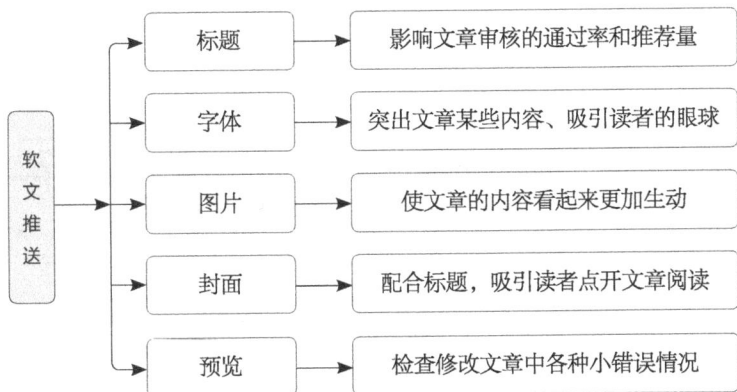

▲图 2-35 头条号软文推送的相关分析

2.3.4 文章发布之后查看相关数据

运营者如果想要使得在一点资讯平台上进行推文导粉的效果更佳，那么就还需要做好一系列相关数据的分析，并进行推文的经验总结，以此找出更好、更适合的推文方案，为自己的微信公众号引入更多的流量与粉丝。

分析文章阅读数据可以从以下 4 步出发，如图 2-36 所示。

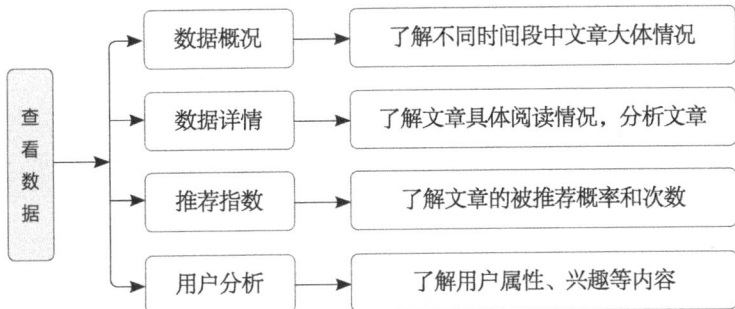

▲图 2-36 查看文章阅读数据的 4 步

第3章

活动吸粉：
让亿万粉丝为你拉新

学前提示 >>>

　　活动是互联网营销的吸粉利器，微信营销中为微信公众号拉新引流一部分目的就是增加忠实用户，也就是粉丝，有了一定的粉丝基础，微信公众号的运营会顺利很多。

　　本章将为大家介绍如何用活动拉新引流。

要点展示 >>>

◆ 通过大号互推活动吸粉。
◆ 征稿大赛活动投票吸粉。
◆ 网络大赛设置奖品吸粉。

3.1 通过大号互推活动吸粉

通过大号互推的方法，即微信公众号之间进行互推，也就是建立公众号营销矩阵（指的是两个或两个以上的公众号运营者，双方或多方之间达成协议，进行粉丝互推），可以达到共赢的目的。

3.1.1 头条文章中大号互推吸粉

相信大家在很多的微信公众号中，曾见到某一个公众号会专门写一篇文章给一个或几个微信公众号进行推广的情况，这种推广就算得上是公众号互推。这两个或多个公众号的运营者可能是互相认识的朋友，他们甚至会约定有偿或无偿给对方进行公众号推广。

运营者在采用公众号互推吸粉引流时，需要注意的一点是，找的互推公众号平台类型尽量不要与自己的平台是一个类型的，否则运营者之间会存在一定的竞争关系。

两个互推的公众号应该尽量存在互补性。例如，如果你的公众号是推送健身用品的，那么当你选择互推公众号时，就应该先考虑找那些推送瑜伽教程的公众号，这样获得的粉丝才是有价值的。

微信公众号互推是一种快速涨粉的方法，它能够帮助运营者的微信公众号短时间内获得大量的粉丝，效果十分可观。

如图 3-1 所示，是微信公众号"手机摄影构图大全"与微信公众号"拍照这些事儿"进行的一次大号互推合作。据悉，此次合作后，双方的粉丝量都得到了一定的增长。

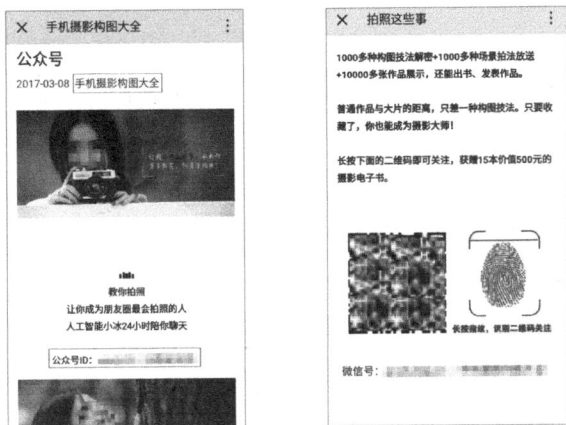

▲图 3-1 微信公众号"手机摄影构图大全"和"拍照这些事"互推

3.1.2 软文中嵌入公众号吸粉

事实证明，如果微信公众号强推互推，不仅达不到预期的效果，反而会引起用户不满。商家想要在微信中植入互推广告，必须把握两个字："巧"和"妙"。那么具体如何做到这两点呢？有以下几个策略。

1. 故事植入法

故事具备完整的内容和跌宕起伏的情节，所以比较容易引起大家的期待，关注度相对高，因此微信公众号在植入互推广告时可以充分借用讲故事这个手段，改变传统的大相径庭的广告硬性植入方式。

微信公众号讲述故事，可以是微信公众号的创建故事，也可以是互推的两个微信公众号之间有趣的渊源，让用户感受到微信公众号的文化氛围，是一种很不错的方式。

2. 图片植入法

相比纯文字的信息，图片加软文的方式更加受用户群的欢迎。通过加入图片来进行表达或描述互推的微信公众号，会更容易收到效果。

3. 段子植入法

以幽默好玩、新鲜有趣的段子来植入互推广告，是一个非常不错的选择，因为有趣的段子总能给人留下深刻的印象，而且段子高手能够将互推广告信息毫不突兀地植入进去，往往让人赞叹其创意妙不可言。

4. 视频植入法

可以在微信软文中加入一段互推微信公众号的视频或语音，宣传效果比文字的宣传效果更好。如果想要达到更好的效果，可以邀请名人或明星来录制视频或语音。如果觉得请名人或明星的成本太高，可以让微信公众号的门面人物来录制视频或语音。

总之，无论是让谁来录制视频，都要让用户感受到一定的意外和震撼性，所以邀请在受众心中有一定地位的人来录制，达到的效果是较好的。

5. 舆论热点植入法

每天，大家的手机都会收到各种各样的关于网络舆论热点人物或事件的报道，它们的共同特点就是关注度高。因此，微信公众号运营者可以借助这些热点事件，编写微信公众平台的内容，然后悄无声息地植入互推广告。

3.1.3 通过活动转粉公众号

运营者可以通过在公众平台或其他平台上开展各种大赛活动，进行吸粉引流。在奖品或其他条件的诱惑下，通常参加这种活动的人会比较多，而且通过这种大赛获得的粉丝的质量都会比较高，因为他们会更加主动地去关注公众号的动态。

以微信公众平台"手机摄影构图大全"为例，该平台根据其自身的优势，在自己的平台上开展了一个"图书征图征稿"活动，图 3-2 所示是该公众平台对这次活动的相关介绍。

▲图 3-2 公众平台开展征稿大赛活动的案例

3.2 征稿大赛活动投票吸粉

征稿投票活动是在微信公众号比较容易开展的活动，吸粉拉新的效果也十分不错，如果微信公众平台运营者想用活动来吸粉，那么征稿投票活动无疑是一个很好的选择。

下面，笔者将为大家介绍开展征稿大赛前具体的准备工作，为大赛的顺利开展做好全面准备。

3.2.1 准备活动策划文案内容

微信运营者如果要在平台上策划一场活动，在活动开展前进行活动文案的策划是必不可少的。活动文案策划能够为活动的开展提供流程指导，同时也是活动取得成功的有利保障。

　　微信运营者如果要策划一场活动，那么其活动文案的准备就需要包括以下 4 个方面，如图 3-3 所示。

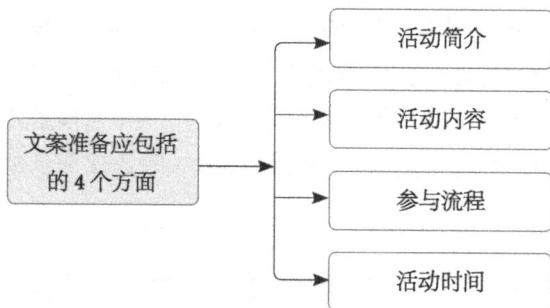

▲图 3-3 文案准备应包括的 4 个方面

　　在介绍活动的活动文案的准备工作后，大家来欣赏一下微信公众平台"手机摄影构图大全"的一项图书征稿活动的文案，如图 3-4 所示。

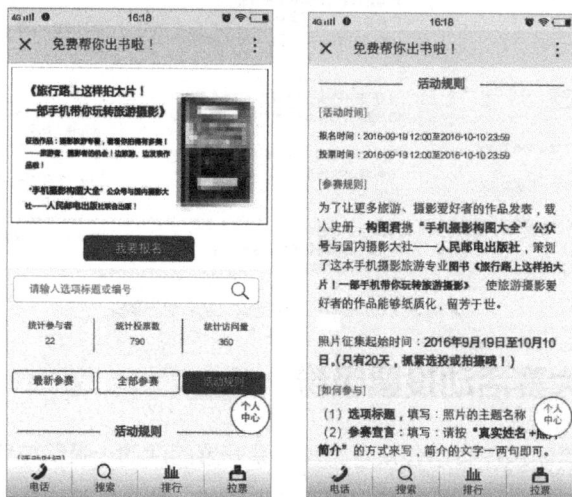

▲图 3-4 微信公众平台"手机摄影构图大全"活动文案内容

　　该微信公众平台通过这次大赛活动，平台的粉丝数量增长了不少，从最初的 1 745 人增加到 19 370 人，如图 3-5 和图 3-6 所示。

新关注人数 ⇕	取消关注人数 ⇕	净增关注人数 ⇕	累积关注人数 ⇕
39	21	18	1745

▲图 3-5 "手机摄影构图大全"平台开展活动前的粉丝数量

			下载表格	❓
新关注人数 ⬍	取消关注人数 ⬍	净增关注人数 ⬍		累积关注人数 ⬍
370	115	555		19370

▲图 3-6 "手机摄影构图大全"平台开展活动后的粉丝数量

3.2.2 注册第三方投票系统

笔者按照上述的筛选投票系统的方法，对目前网络上的投票系统进行对比，再结合自身的实际需要，最终决定在"自橙一派"平台上进行这次征稿大赛。

在开展图书征图征稿活动前，微信公众平台运营者首先要拥有一个属于自己的"自橙一派"平台的账号，因此运营者需要进行"自橙一派"平台的注册。

步骤 01 在计算机上的浏览器中输入"自橙一派"进入其官网，单击官网首页右上角的"注册"按钮，如图 3-7 所示。

▲图 3-7 单击"注册"按钮

步骤 02 操作后即可进入的账号注册页面，根据实际情况按照页面提示，将需要填写的资料如实输入，如图 3-8 所示。

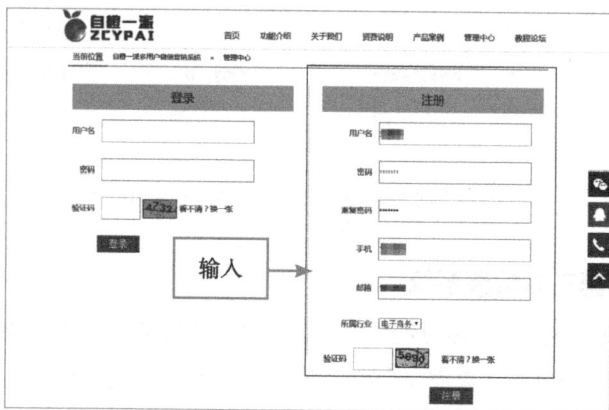

▲图3-8 "注册"页面填写资料

步骤 03 操作后，单击最下方的"注册"按钮，即可进入注册成功界面，页面上会提示"注册成功"，如图3-9所示。

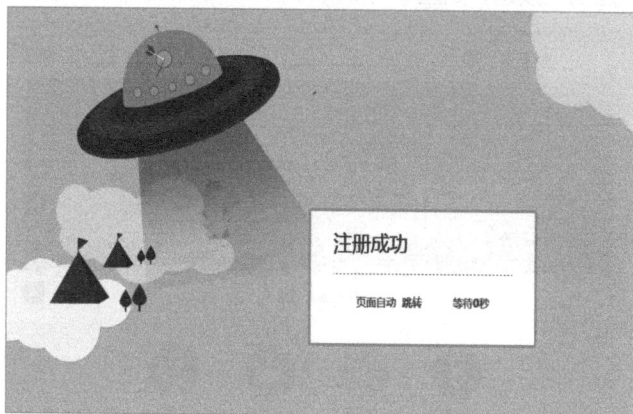

▲图3-9 "自橙一派"账号注册成功

3.2.3 在投票系统中绑定微信公众号

因为前面是在进行账号注册，所以账号注册完后，显示的是已经登录了账号，但是微信运营者如果已经有账号了，就可以直接登录，不需要注册。

步骤 01 进入"自橙一派"的官网，并单击首页右上角的"登录"按钮，如图3-10所示。

▲图 3-10 单击"登录"按钮

步骤 02 执行操作后，即可进入登录页面，按照页面提示，输入账号信息后再单击下方的"登录"按钮，如图 3-11 所示，即可成功登录账号。

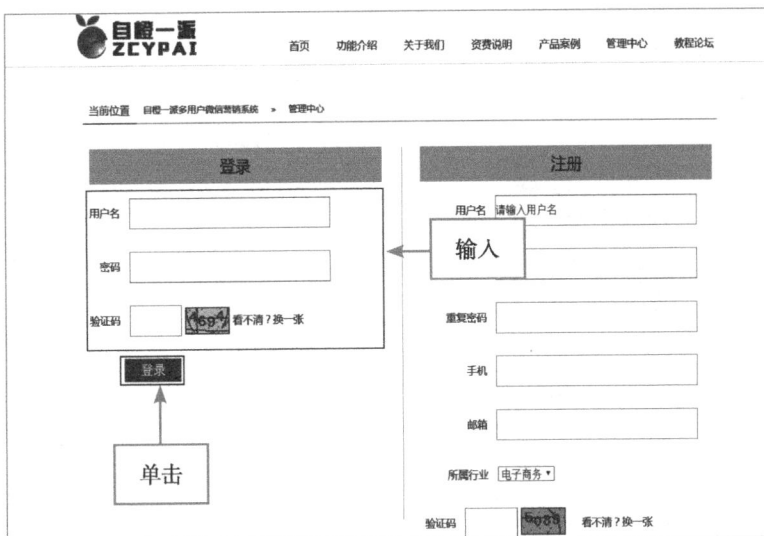

▲图 3-11 输入账号信息并单击"登录"按钮

步骤 03 登录"自橙一派"账号后，系统就会自动进入平台的"管理中心"页面，如图 3-12 所示。微信运营者也可以通过在平台的首页单击"管理中心"进入该页面。

▲图 3-12 自橙一派的"管理中心"页面

步骤 04 进入该页面后，微信运营者可以在该页面看见一系列的功能栏，微信运营者只要单击页面上的"绑定公众号"按钮，即可进入"微信公众号授权"页面，如图 3-13 所示。

微信公众号运营者使用公众号绑定的个人微信号扫描该页面上的二维码，手机上就会出现"授权确认"界面，微信运营者只要单击"授权"按钮，如图 3-14 所示，即可完成授权。

▲图 3 13 "公众平台账号授权"页面

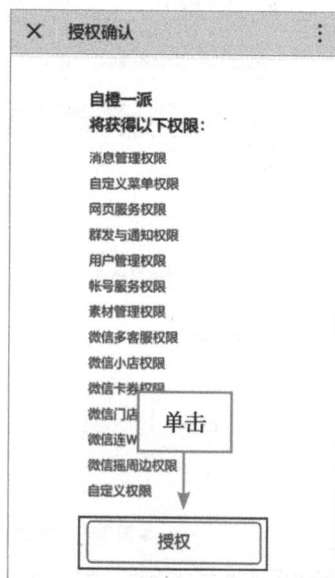

▲图 3-14 单击"授权"按钮

3.2.4　创建图书征稿报名投票活动

创建图书征稿报名投票活动的具体步骤如下。

步骤 01　将微信公众平与"自橙一派"平台绑定，然后确定所有资料都填写完整。操作完成后即可进入"自橙一派"的后台，单击"功能管理"按钮，如图3-15所示。

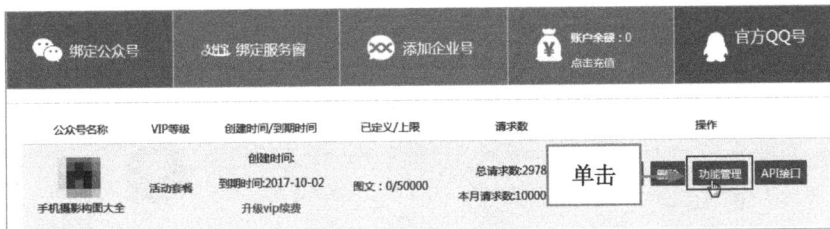

▲图3-15　单击"功能管理"按钮

步骤 02　单击"功能管理"按钮后，即可进入"互动营销"页面，在该页面上单击"微互动"按钮下的"图文投票"按钮，然后在出现的"图文投票"页面中单击"添加图片投票"按钮，即可创建图书征稿报名投票活动，如图3-16所示。

▲图3-16　单击"添加图片投票"按钮

3.2.5　开启微信公众号关键字回复功能

进入"图文投票－添加图文投票活动"中的"基础设置"页面，即可进行公众号关键词回复功能的设置。

微信运营者只要在"关键词"后面的输入栏中输入"投稿"，即可完成公众号关键词回复功能的设置，如图3-17所示。

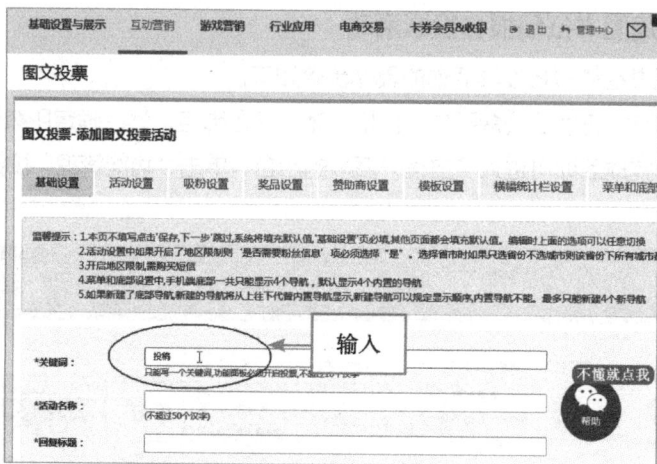

▲图 3-17 输入"投稿"关键词

3.2.6 设置活动简介及相关操作流程

设置好基础设置后肯定是要对活动做一个简介的，因为一个好的活动简介不仅可以吸引粉丝并可激起用户的兴趣，也可以让更多的用户参与。具体相关操作如下。

步骤 01 保存好基础设置的内容后，进入图 3-18 所示的"活动设置"页面。

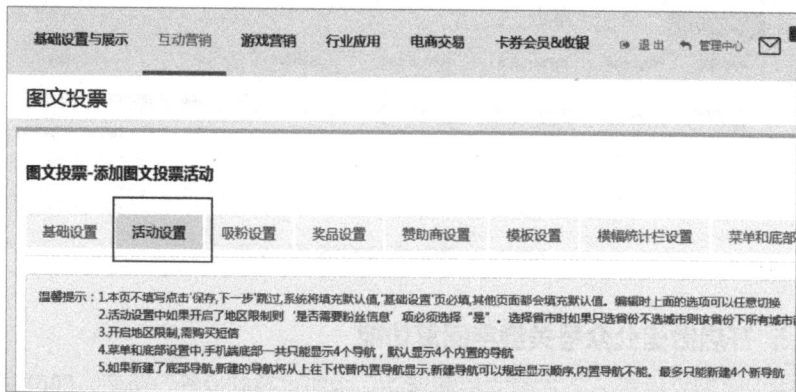

▲图 3-18 "活动设置"页面

步骤 02 在"活动设置"页面，微信运营者即可设置活动简介和参与流程，微信运营者只需要在该页面下面的"活动简介"选项对应的输入栏中，输入图书征图征稿活动的简介，如图 3-19 所示。

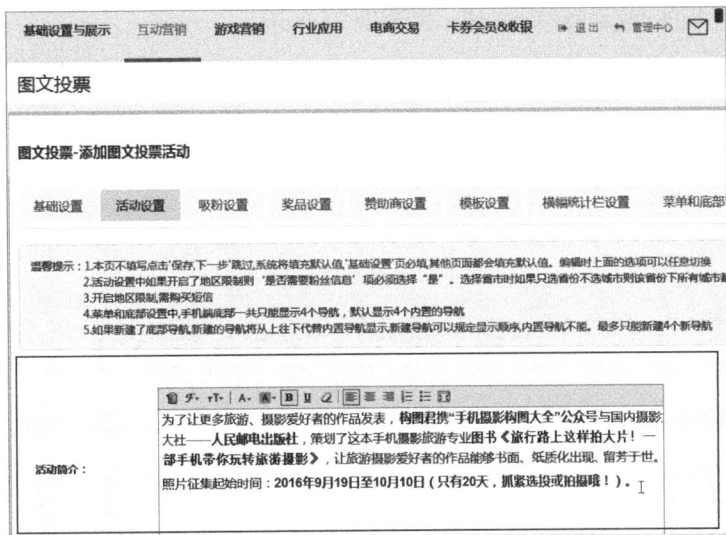

▲图 3-19 输入"活动简介"的相关信息

步骤 03 设置活动简介后，微信运营者还可以在该页面进行"参与流程"
设置。将图书征图征稿参与流程的信息输入"如何参与"选项对应的输入栏中即
可完成该设置，如图 3-20 所示。

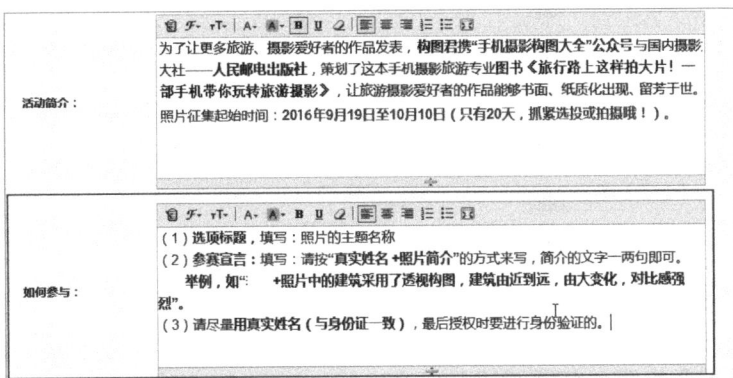

▲图 3-20 输入"如何参与"的相关信息

3.2.7 后台审核通过报名人员信息

创建完成图书征稿征图活动，就会有人参与活动，所以微信运营者需要在
"自橙一派"平台的后台对审核报名者的信息、资料进行查看，具体流程如下。

步骤 01 进入平台的"图文投票"页面，然后单击该页面图书征图征稿活动

后操作栏中的"报名管理"按钮，如图 3-21 所示。

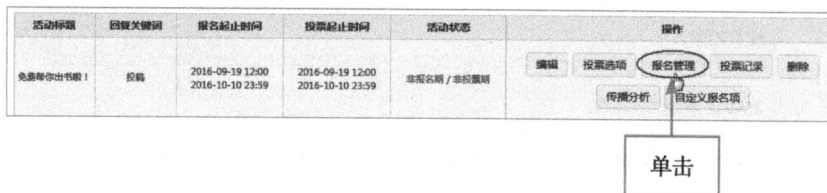

▲图 3-21 单击"报名管理"按钮

步骤 02 单击"报名管理"按钮后，即可进入"图文投票－报名管理"页面。在该页面，微信运营者即可看见参与这次活动的人员的相关信息，同时还可以在"缩略图"栏中单击参赛者投稿图片后的"预览"按钮即可放大查看该图片。

步骤 03 微信运营者如果觉得图片合格，就可以在后面的"操作"栏中给予参赛者通过的结果，于是参赛者的"审核状态"栏就会显示"审核通过"，如图 3-22 所示；如果照片还未审核，"审核状态"栏就会显示"审核中"。

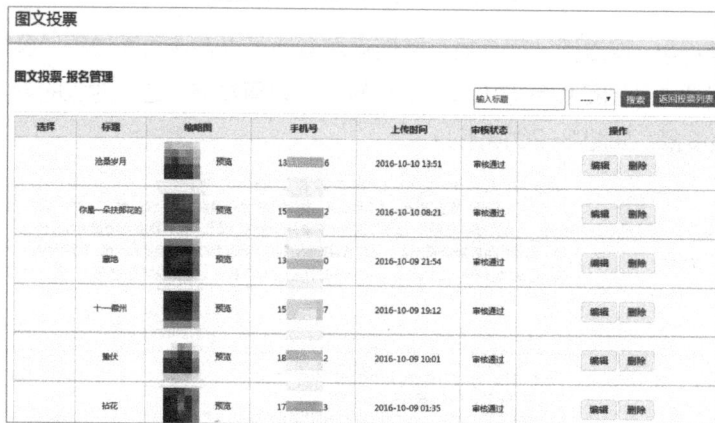

▲图 3-22 "图文投票－报名管理"页面

3.2.8 后台查看最新票数排行信息

微信运营者查看了报名人员的相关信息后，还可以在"自橙一派"平台的后台查看各位参赛者的投票记录信息，具体流程如下。

步骤 01 进入"自橙一派"平台后台的图文投票页面，然后单击该页面"免费帮你出书啦！"活动后操作栏中的"投票记录"按钮，如图 3-23 所示。

活动标题	回复关键词	报名起止时间	投票起止时间	活动状态	操作
免费帮你出书啦1	投稿	2016-09-19 12:00 2016-10-10 23:59	2016-09-19 12:00 2016-10-10 23:59	非报名期 / 非投票期	编辑　投票选项　报名管理　投票记录　删除 传播分析　自定义报名表

单击

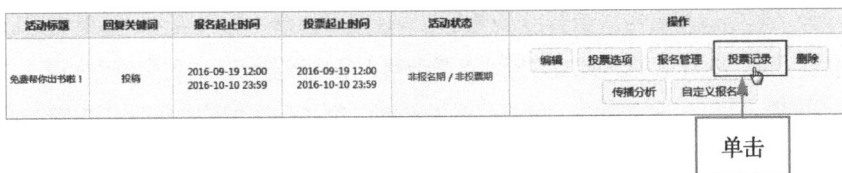

▲图 3-23 单击"投票记录"按钮

步骤 02　单击"投票记录"按钮后，即可进入"图文投票"页面，微信运营者可以在该页面查看图 3-24 所示的投票选项统计信息和图 3-25 所示的投票者统计信息两个分类信息栏。

图文投票

投票者统计信息	投票选项统计信息				输入投票者名称　搜索　返回　导出投票者统计数据	

活动名称	投票者	手机号	已投票数	今日投票数	最后投票时间	操作
免费帮你出书啦！		暂无	1　查看详情	0	2016-10-10 23:22:30	删除
免费帮你出书啦！		暂无	9　查看详情	0	2016-10-10 23:15:07	删除
免费帮你出书啦！		暂无	2　查看详情	0	2016-10-10 22:24:04	删除
免费帮你出书啦！		暂无	8　查看详情	0	2016-10-10 22:17:11	删除

▲图 3-24 投票选项统计信息

图文投票

投票者统计信息	投票选项统计信息					输入编号或名字或描述　搜索　返回　导出投票	

编号	名字或描述	投票宣言或介绍	缩略图	手机号	获得票数	操作
9	醉江南	■+远离都市喧嚣，享受古镇的静谧。无市井的热闹，只任轻风　预览	预览	13■■40	531　查看详情	清空票数
36	行走彩云间	■满天彩霞，手牵手过桥的父女犹如行走其中，场景和意境真　预览	预览	18■■19	215　查看详情	清空票数
14	黑魔雄	■+徒步黑魔缝，感受不一样的人生旅程！　预览	预览	13■■84	208　查看详情	清空票数
17	形与神	林树，形，神，韵　预览	预览	15■■05	152　查看详情	清空票数

▲图 3-25 投票者统计信息

在这两个信息栏中，微信运营者可以单击右上角的"导出投票者统计数据"和"导出投票选项统计数据"按钮，分别将"投票者统计数据"栏和"投票选项统计数据"栏的数据以 Excel 文档的形式导出。

在投票的过程中，运营者需要时时关注各位参赛者的票数变化的情况，这样能够及时发现投票过程中出现的意外情况。

为了避免运营者每次查看投票情况都要登录"自橙一派"平台，运营者可以收藏投票页面，这样就能够更加方便地查看参赛人员的票数情况，具体操作如下。

步骤 01 在投票页面，单击鼠标的右键，然后在出现的右键选项中单击"添加到收藏夹（F）"按钮，如图 3-26 所示。

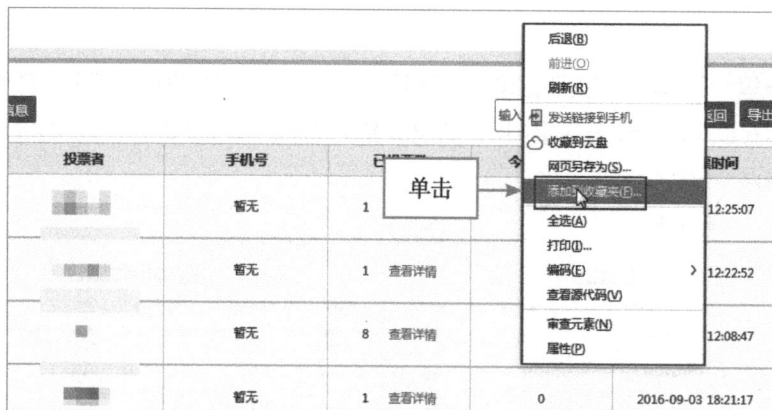

▲图 3-26 单击"添加到收藏夹（F）"按钮

步骤 02 执行操作后，弹出"添加到收藏夹"页面，单击该页面上的"添加"按钮，如图 3-27 所示。

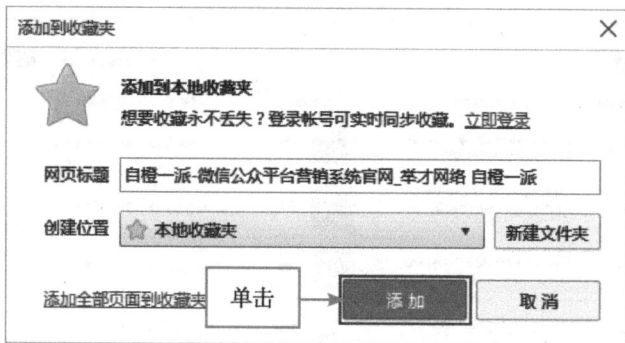

▲图 3-27 单击"添加"按钮

步骤 03 操作完成后，运营者即可将投票页面收藏到收藏夹，在页面上方的收藏栏中，就可以看见刚才收藏的投票页面。以后，运营者如果要查看参赛者的投票信息，就可以直接单击收藏栏中的投票页面，查看信息。

3.3 网络大赛设置奖品吸粉

网络大赛是十分不错的吸粉拉新手段，运营者可以通过在微信公众号上举办一个网络比赛活动来吸粉拉新。活动的类型可以是多样的，比赛主办方会根据活动的情况设置一定的奖品，参赛者要在公众平台或其他的网络上报名，由网友投票，选出最终的获胜者。

图3-28所示是微信公众号"书艺公社"举办的一场名为"2017网络对联迎新书法大赛作品征集"大赛的部分相关信息。

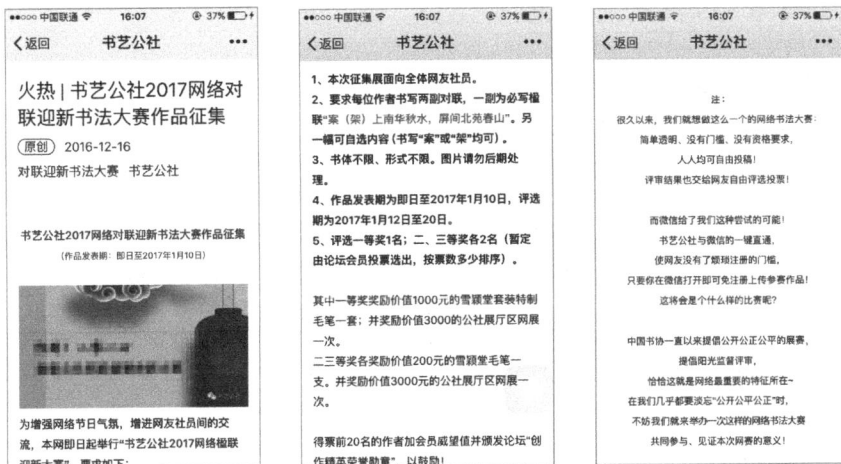

▲图3-28 公众号开展网络大赛吸粉引流的案例

图3-29所示是微信公众号"健力宝活动"发布的公众号有奖活动的部分相关信息。

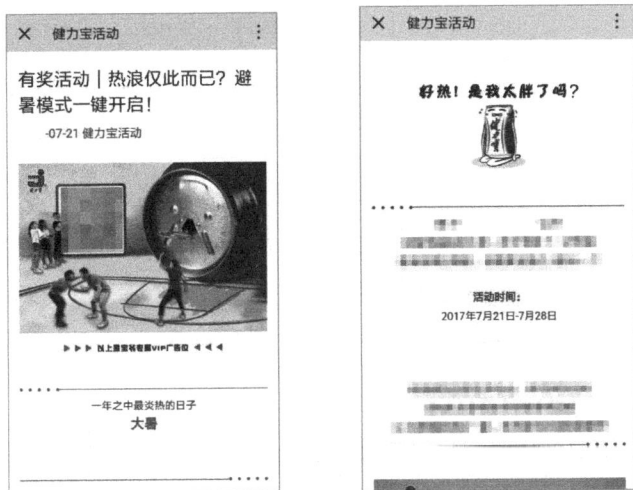

▲图3-29 公众号开展网络大赛吸粉引流的案例

下面，笔者就以网络有奖大赛的策划工作为例，为大家讲解相关内容。

3.3.1 策划网络大赛活动简介

微信公众平台运营者在进行网络大赛活动准备时，需要写出该活动的简介。在活动简介中，需要告诉参与者这是一场什么样的活动、活动背景是什么、活动举办方是谁、活动的意义与目的是什么。

3.3.2 设计网络大赛活动内容

微信运营者在进行网络大赛活动内容设计准备时，不仅要充分考虑活动的内容，如活动征稿的具体要求、投票的方式等，还要展现活动的亮点，如奖品设置。

比如，在"自橙一派"平台上，微信运营者可以将微信公众号与自橙一派绑定，就可以从平台系统进入"奖品设置"页面，在该页面进行活动奖品的相关设置。

微信运营者在"奖品设置"页面可以设置奖品等级名称、奖品名称、赞助商、赞助商链接及奖品图片等，可以根据自己的实际情况来设置。该页面的详情如图3-30所示。

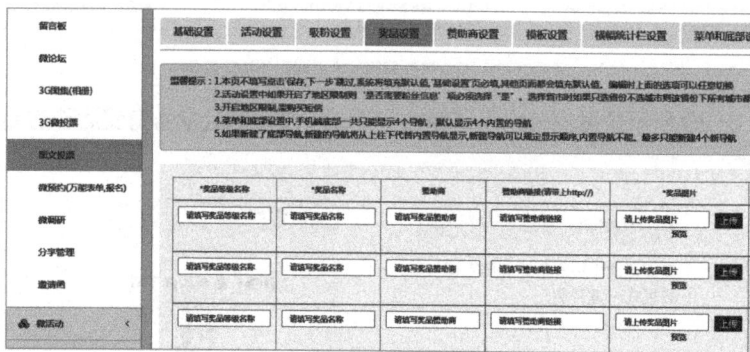

▲图 3-30 "奖品设置"页面详情

需要注意的是，微信运营者在设置赞助商链接时，页面会自动跳转到"赞助商设置"页面，微信运营者将该页面的相关信息设置完成后，单击右下角的"保存"按钮。

3.3.3 设计网络大赛参与流程

微信运营者策划一个活动，是想要让更多的微信用户参与活动，因此微信运营者就需要设置详细的参与流程，让用户能更好地参与活动。并且微信运营者还需考虑设置流程环节中可能出现的各种问题，做好防范工作。

比如，如果微信运营者举行的网络大赛活动涉及网络投票，那么微信运营者在这个环节一定要避免出现刷票情况。在这种网络大赛活动中，防止刷票是非常重要的，它具有以下两个方面的意义。

1. 保证比赛的公平性

除了有投票内容的网络大赛，在其他任何一场比赛中，主办方避免出现刷票情况都是很有必要的，这样能够给每一位参赛者一个公平竞争的机会，才能确保选出的获胜者拥有真正的实力。

2. 能够防止账号被封号

微信运营者避免出现刷票情况，能够防止微信运营者、参赛者的账号被平台系统封号。例如，此次征稿大赛中，因为有刷票情况的出现，自橙一派后台就发出了封号警示。

下面是 5 种常见、实用的防止刷票情况出现的方法，如图 3-31 所示。

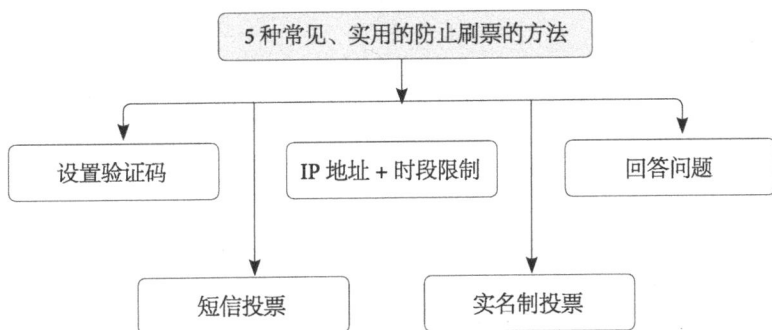

▲图 3-31 5 种常见、实用的防止刷票的方法

3.3.4 设计网络大赛活动时间

设置活动时间也是网络大赛活动的准备工作中必不可少的一项。活动时间包括活动开始的时间及活动结束的时间。

下面，就以在"自橙一派"平台上举行网络大赛活动为例，看一看如何设计活动时间。

微信运营者在"自橙一派"后台的"活动设置"页面设置完活动简介与参与流程的相关信息后，即可在该页面进行报名、投票起止时间等设置。

微信运营者在设置时间时，只要单击"报名时间""投票时间"选项后对应的输入栏，就会出现时间选项表，只要在该表中选定活动开始的时间及截止时间即可完成报名时间的设置。

　　微信运营者可以用相同的方法进行投票时间的设置，但是需要注意时间设置的合理性，报名截止时间要早于投票开始时间，如图 3-32 所示。报名时间与投票时间设置完成后，单击"确定"按钮。

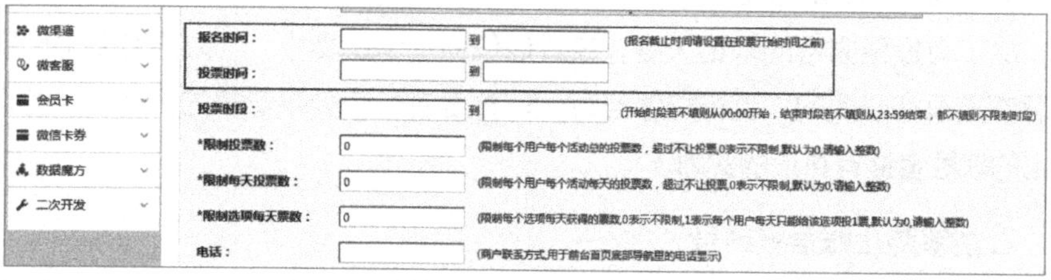

▲图 3-32　报名时间设置

第 4 章

标题图片：
促进活跃度的开关按钮

学前提示 >>>

　　标题和图片是衡量一篇文章好坏的直接依据，因为无论文章的主题内容是什么，首先吸引用户单击阅读的是吸睛的标题和精彩的配图，所以做好标题和图片的相关工作是很有必要的。

　　本章为大家介绍一些标题写作和图片搭配的技巧。

要点展示 >>>

◆ 紧扣需求的标题拟定技巧。

◆ 经典标题拟写的多种类型。

◆ 精美图片吸引读者注意。

4.1 紧扣需求的标题写作技巧

一个好的标题是一个能成功吸引读者的重要原因，因为它能满足读者的需求，所以在写标题时一定要紧扣需求。

成功的标题可以满足读者以下 8 种需求，如图 4-1 所示。

▲图 4-1 成功的标题可以满足读者的 8 种需求

下面，为大家具体介绍这 8 种需求。

4.1.1 满足娱乐需求

相信不少人阅读微信公众号里各种各样的文章都是出于无聊、消磨闲暇时光，以满足自己的娱乐需求。那些以传播搞笑、幽默的内容的文章会比较容易满足读者的娱乐需求，这一类公众号，它的文章的标题给读者的感觉是比较开心、愉快的。

4.1.2 满足好奇需求

大部分的人都是有好奇心的，对于那些未知的、刺激的东西都会有一种想要去探索、了解的欲望。微信公众号文章编辑者在写文章标题时就可以抓住读者的这一特点，将标题写得充满神秘感、满足读者的好奇需求，这样就能够获得更多的读者。阅读的人越多，文章被分享与转发的次数也就会越多。

这种能满足读者好奇需求的公众号文章的标题都是带一点儿神秘感的，让人觉得看了以后迫切希望了解事情的真相。

4.1.3 满足价值需求

人们在浏览网页、手机上的各种文章时，抱有可以通过浏览学到一些有价值的东西、扩充自己的知识面、增加自己的技能等目的。因此，公众号文章编辑者在写公众号文章标题时，就可以将这一因素考虑进去，使自己编写的标题给读者一种能够满足价值需求的感觉。

这种能满足读者价值需求的公众号文章,只要读者阅读后觉得真的有用就会主动将文章传播开来,让身边更多的朋友知道。

能满足读者价值需求的文章标题,在标题上就可以看出文章中所蕴藏的价值,一个名为"手机摄影构图大全"的公众号的文章标题,它主要传播的都是手机摄影的干货知识,能够为想要学习这方面知识的读者提供很多学习资源。

4.1.4 满足情感需求

大部分的人都是感性的,容易被情感所左右,这也是很多人读有趣的文章会捧腹大笑、读感人的文章会心生怜悯甚至不由自主落下泪水的原因。

一个好的微信公众号文章的标题需要满足读者的感情需求,打动读者,引起读者的共鸣。

4.1.5 满足窥探需求

人们有时很矛盾,不希望自己的秘密、隐私被人知晓,但是会有窥探他人秘密的欲望。

因此,公众号文章编辑者在写文章标题时就可以适当地利用人们的这种欲望,写出能够满足读者窥探需求的标题,从而吸引读者阅读文章。

能够满足读者窥探需求的公众号文章的标题,通常都会让人产生一定的联想。如图4-2所示,这篇微信公众号上的文章的标题为《微软到底做了啥科技,比手机还重要》,文章标题就十分能引起人的窥探欲望。

▲图4-2 能满足读者窥探需求的标题

4.1.6 满足被关注需求

在当今的社会,大部分的人都在为了生活而奋斗着,生活中、工作上遇见的糟心事也无处诉说。很多人逐渐养成了从文字中寻求关注与安慰的习惯,当他们看见那些传递温暖的文章、含有关怀意缊的文章时,都会忍不住去点开阅读。

因此，公众号文章的编辑者在写标题时，可以多用一些能够温暖人心、给人关注与关怀的词语，满足读者的被关注需求。

能够满足读者被关注需求的文章的标题，要是真正发自肺腑的情感传递。最好文章内容也充满关怀，这样才能让读者不会感觉被欺骗。图4-3所示的一篇文章的标题就是典型的能满足读者被关注需求的标题，这种标题给人的感觉就会像是一个老朋友，暖人心。

▲图4-3 能满足读者被关注需求的标题

4.1.7 满足私心需求

人们总是会对与自己有关的事情多上心，会多注意关系自己利益的消息，这是人类一种正常的行为，文章标题满足读者私心需求就是指满足读者关注与自己相关的事情。

微信公众号文章的编辑者在写文章标题时就可以抓住人们的这一点需求，将文章标题打造成这种类型的，引起读者的关注。

但是需要注意的是，如果一篇文章有这样的标题，文章的内容就要真正与读者的实际利益有关，不能一点儿实际价值都没有。

如果每次借用读者的私心需求来引起读者的兴趣，可是实际却没有满足读者的需求，那么读者就会对这类文章标题产生免疫，刚看见标题就知道文章的内容没有一点儿用处。久而久之，不仅会让读者不看该类文章，甚至会引起读者的反感心理，从而使读者取消关注这个微信公众号。

4.1.8 满足怀旧需求

很多人都有怀旧情结，会追忆过往的岁月。每当他们看见童年的玩具和食品都会忍不住感叹一下，发出"仿佛看到了自己的过去！"的感言。人们对于那些追忆过往的文章会禁不住想要点进去看一眼，所以微信公众号文章的编辑者就可以写一写这种能引起人们追忆往昔情怀的标题，满足读者的怀旧需求。

能满足读者怀旧需求的文章标题，大多都会有一些代表年代记忆的字词，如图4-4所示。

▲图4-4 能满足读者怀旧需求的标题

4.2 经典标题的多种类型

要做好微信公众号运营，学会写公众号文章标题是必要的，有吸引力的文章标题才会吸引读者，给公众号带来更多的读者和流量。经典公众号标题有以下几种类型。

4.2.1 夸张型标题

夸张型标题的特征是常人看来会不可思议，给人的感觉是比较夸张的，这种标题比较能吸引人们的注意力，让人产生强烈的一窥究竟的欲望。

1. 夺眼球式标题

夺眼球式标题是指那种以吸引读者的目光达到增加文章点击量目的的文章使

用的一种标题。它给人的第一感觉是诧异，其写作思路就是不走寻常路，与平时的事物或道理相背离，如图 4-5 所示。

▲图 4-5 夺眼球式标题

夺眼球式标题与普通式标题很容易就能对比出效果。例如，普通式标题为"公众号运营文章写作的一些指导意见"，夺眼球式标题为"他靠一篇公众号运营文章赚了 100 万元！"将这两个标题放在一起对比，哪一个标题更能吸引读者，相信大家心里都已经有了答案。

> **专家提醒**　夺眼球式标题也可以用数据来吸引人，特别适用于电商行业微信公众号文章的标题，如"月销 1 000 万元的某某产品"，不过现在这种标题过多，并且本身重点还是要以产品自身的优势为主，所以应尽量从分析消费者的角度来设置夺眼球式标题。

2. 警告式标题

警告式标题是一种既有力量又严肃的标题，说得通俗一点儿，就是用标题给人以警醒作用，警告式标题通常是指将图 4-6 所示的内容移植到微信公众号文章的标题中。

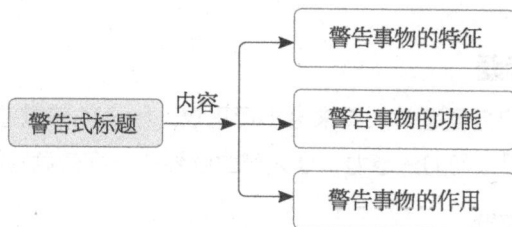

▲图 4-6 警告式标题

　　警告式的标题，常以发人深省的内容、严肃深沉的语调给读者以强烈的心理暗示，尤其是警告式的新闻标题，常常因图 4-7 所示的作用而被很多公众号文章编辑者追捧和模仿。

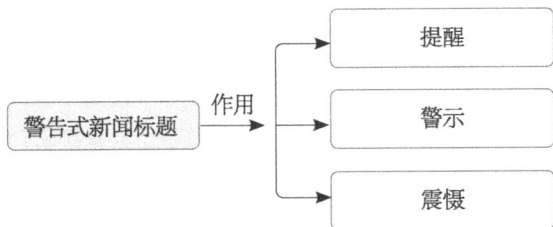

```
                              ┌──────────→  提醒
                              │
警告式新闻标题 ──作用──┼──────────→  警示
                              │
                              └──────────→  震慑
```

▲图 4-7 警告式新闻标题的作用

> **专家提醒**
>
> 　　微信公众号文章编辑者在运用警告式标题时需要注意是否恰当，因为并不是每一篇文章都可以使用这种类型的标题的。
>
> 　　如果这种标题运用恰当，则能加分，起到其他标题无法替代的作用；如果运用不当，很容易让读者产生反感情绪或引起一些麻烦。因此，文章编辑者在使用警告式新闻标题时要谨慎小心，注意用词要恰当，不可草率。

3. 数字式标题

　　数字式标题是指在标题中加入数字，因为数字通常能给读者带来直观的影响，一个数值巨大的数字能使人们产生心灵的触动，很容易让人产生惊讶的感觉，人们一般都会想要得知具体情况。图 4-8 所示就是一条典型的数字式标题。

毕业3年，从月薪2000元的客服到月入10万元的新媒体运营经理，我都做了什么？| 新榜小课堂

下班后写作，最有效的个人增值方法！| 新榜有赚

▲图 4-8 数字式标题案例

4. 有趣式标题

　　所谓"有趣式标题"，就是用有趣的、别有韵味的词语来凑成的标题，微信公众号的文章使用这种标题往往会使读者过目不忘。

　　微信公众号文章编辑者用生动、幽默、诙谐的语言来写文章的标题，可以使文章的标题变得有趣，只要运用得当，不夸张，符合文章的内容及主题，可以令读者回味无穷。

4.2.2 导师型标题

导师型标题的特征是用一种有资深经验或专家的语气来表达，给人的感觉是专业、靠谱的，以下几种类型的标题类型都算是导师型微信公众号文章标题。

1. 观点式标题

所谓"观点式标题"，是以表达观点为核心的一种标题编写形式，一般会在标题上精准到人，会将人名写入标题，在人名的后面会紧接着对某件事的个人观点或看法，以下为几种观点式标题的常用形式。

◆ 某某认为 ＿＿＿＿＿＿＿＿＿

◆ 某某称 ＿＿＿＿＿＿＿＿＿

◆ 某某指出 ＿＿＿＿＿＿＿＿＿

◆ 某某资深 ＿＿＿＿＿＿＿＿，他认为 ＿＿＿＿＿＿＿＿

◆ 某某：＿＿＿＿＿＿＿＿＿

观点式标题案例如图 4-9 所示。

2. 励志式标题

励志式标题实际上就是文章编辑者从自身或他人的角度出发，以现身说法的方式来讲述一个故事，从而实现吸引读者的目的。

如今，很多人都想做成某一件事，可是却苦于没有将想法付诸行动的动力，如果此时给他们看励志式微信公众号文章，可以让他们知道他人是怎样打破困难的阻碍，走上人生的巅峰的，所以读者对他人的故事都会感到特别的好奇，从而使这个类型的标题看起来很诱惑人。

▲图 4-9 观点式标题案例

现身说法标题模板有两种。一种模板为"＿＿＿＿＿＿是如何使我＿＿＿＿＿＿的"，如"3 个减肥方法是如何使我从一个 180 斤的胖妹 3 个月成为 90 斤的苗条女郎的"。

另一种模板为"我是如何＿＿＿＿＿＿＿＿的"，如"我是如何从一个摄影小白变成摄影高手的"。

　　微信公众号文章编辑者在写励志式文章标题时，并不一定要按照模板来写。只要将文章标题写得能点燃读者的激情，以实现阅读文章的目的。如图4-10所示，就是以减肥为例的励志式标题。

3. 经验式标题

　　经验式标题是一种很受读者喜爱的微信公众号文章标题，因为读者阅读这种微信公众号的文章都带有一种向文章取经的目的，想在文章中吸取某一方面的经验与总结，以实现提高自身的目的。

　　这种类型的文章标题对文章编辑者的逻辑性要求很高，而且需要注意的是，采用经验式标题的文章的内容，需要具有一定的权威性及学术性（至少经验性较强），切忌出现大量的抄袭，或者是出现随便就能找到的内容。

▲图4-10 以减肥为例的励志式标题

4. 鼓舞式标题

　　鼓舞式标题是用鼓动性的词句，号召人们快速做出决定的标题。此类标题，文字都会比较有感染力，能给读者传递一种鼓舞的力量，并且便于记忆，使消费者易于接受宣传的鼓动，从而参与活动。

　　鼓舞式标题在文学修辞上要积极向上，同时也要注意不要让读者有被强迫的感觉，所以在编写时，遣词用句要适当。

　　图4-11所示是一个鼓舞式标题的案例。

5. 指导式标题

　　所谓"指导式标题"，就是针对某一个具体的事情，给出一定的解决问题的建议、方法。这类标题会用"怎样""某某的养成之道""更简单某某之道"等字眼，这一类标题能吸引大部分的新人或对未知领域感兴趣的读者的目光。

　　微信公众号文章编辑者需要注意内容的专业性，广告插入要适当，避免发生植入硬广告的情况；不要复制别人的文章，这样即可编写出一个优秀的指导式标题。图4-12所示就是一个不错的指导式微信公众号文章标题。

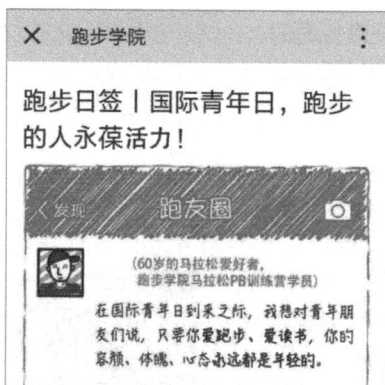

▲图 4-11 鼓舞式标题案例

▲图 4-12 指导式标题案例

专家提醒　　指导式标题会让读者觉得此类文章的广告性比较弱，从而不会排斥，这类标题对于企业来说是一种很不错的微信公众号文章标题。

6. 建议式标题

所谓"建议式标题"，就是文章编辑者通过标题向读者建议做某种事应该采取的方法，这种标题能让读者一目了然，知道文章中的主体内容，并且以传递知识为噱头，吸引读者的注意力。图 4-13 所示就是一个常见的建议式微信公众号文章的标题。

▲图 4-13 建议式标题案例

4.2.3 含蓄型标题

含蓄型的标题，是指文章要传达的内容不直截了当地在标题上表达出来，而是通过一些暗示或提示引起读者的兴趣。含蓄型的标题主要有以下几种，笔者将详细介绍微信公众号文章的这几种标题。

1. 悬念式标题

悬念式标题是指将文章中最吸引读者的内容，先在标题中进行铺垫，使读者心中产生疑问，引起读者深思从而阅读文章内容。利用悬念写标题的方法通常有4种，如图4-14所示。

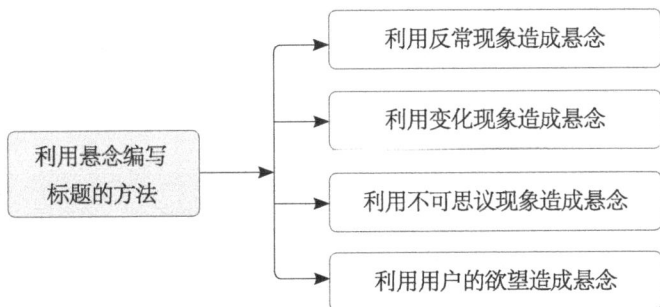

▲图4-14 利用悬念写标题的方法

悬念式标题的文章是广泛的，也非常受欢迎。人们在看电视时会经看到一些节目预告之类的广告，这些广告就会采取这种悬念式的标题引起观众的兴趣。

悬念式标题的主要目的是增加文章内容的可读性，因此微信公众号文章编辑者需要注意的一点是，用了这种类型的标题后，那么一定要确保文章的内容确实是能够让读者感到惊奇、有悬念的，否则就会引起读者的失望与不满，从而让读者对公众号产生怀疑，影响公众号在读者心中的形象。

微信公众号文章编辑者在设置悬疑式标题前，需要将答案设置好，然后根据答案再来设置悬疑标题，要使文章内容能符合标题，给读者一个满意的阅读体验。

图4-15所示为悬念式标题案例。

▲图4-15 悬念式标题

2. 隐喻式标题

隐喻式标题是指采用比喻的手法进行创作的一种标题，这种方法能够使文章标题更新颖，从而给读者留下深刻的印象，使读者产生好感。

隐喻式标题借助读者本身的知识、修养、情操等方面，通过文章标题发挥想象，以此来提高读者的意境。

3. 提示式标题

提示式标题就是在文章标题中采用暗含希望、叮嘱的口气，使读者通过阅读文章而采取相应的行动。图4-16所示是提示式公众号文章标题的案例。

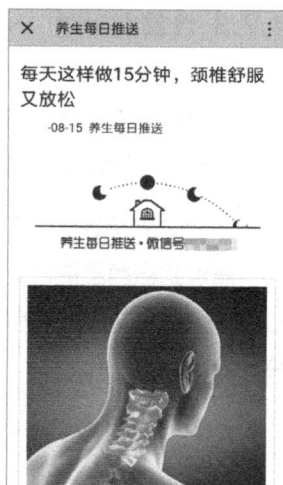

▲图4-16 提示式标题

4. 问题式标题

问题式标题采用提问的形式，读者可以从提出的问题中知道文章内容是什么。一般来说，问题式标题有以下 6 种形式，微信公众号文章编辑者可以只围绕这 6 种形式写问题式标题。

- ◆ 什么是 _____
- ◆ 为什么 _____
- ◆ 怎样 _____
- ◆ _____ 有哪些诀窍
- ◆ _____ 有哪些秘籍
- ◆ 某某：当你遇到 _____ 问题时

图 4-17 所示就是两个问题式的微信公众号文章标题。

▲图4-17 问题式标题案例

4.2.4 其他类型的标题

除了以上几种类型标题，微信公众号文章的标题还有以下几种。

◆ 新闻式

◆ 对比式

◆ 白话式

下面，笔者将为大家一一介绍。

1. 新闻式标题

新闻式标题是一种比较正规、可信的微信公众号文章标题，新闻式标题具有一定的权威性，语言都是简洁、直白的。

2. 对比式标题

对比式标题是一种将两种产品或事物放在一起进行对比，突出一方的产品或事物的优势，从而加深读者对该产品或该事物的印象的微信公众号文章标题编写的方法。

在对比式文章标题中，文章编辑者还可以加入其他类型的标题创作方法，这样能使标题更具吸引力。

3. 白话式标题

白话式标题就是直奔主题，将文章的核心主题直接陈述出来，直接将文章中的内容通过标题透露给读者。

如果微信公众平台上的文章采用白话式标题，那么既可以节省读者的浏览时间，又可以使公众号平台要传递的内容直观地展现在读者面前，让读者能很快识别文章中的重要信息，从而让读者阅读文章，加强读者对公众号的关注。

> 专家提醒
>
> 白话式标题比较适合一些关注度高的微信公众号使用，这样才不会出现读者忽视某些文章的情况。小型企业的微信公众号如果想要采用白话式标题，则应该模仿符合自己产品的知名度较大的品牌产品，用相关词语作为标题内容的主语来陈述，或者借用热门话题写出自己的标题。

4.3 精美图片引人关注

除了文章标题，文章的配图也十分重要，图片作为人类感官可以直接获取的信息之一，对微信用户的吸引作用是明显的。

微信公众号运营者如果想要使自己公众号上的图片变得吸引人，达到一图胜千言的效果，那么就需要做到以下8点，具体如图4-18所示。

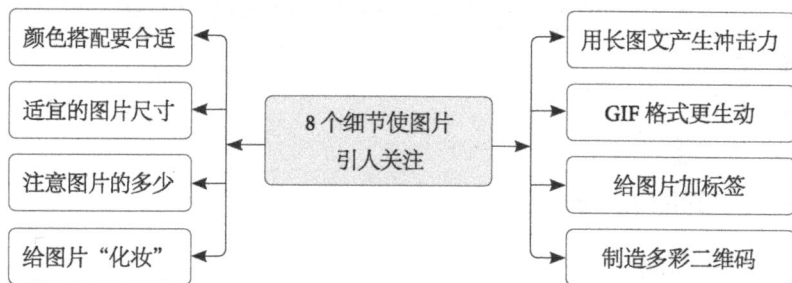

▲图4-18 8个细节使图片引人关注

4.3.1 颜色搭配要合适

微信公众号运营者想要使自己的公众号图片吸引读者，那么所选的图片的颜色搭配要合适。

图片的颜色搭配合适能够给读者一种顺眼、耐看的感觉，微信公众号想要一张图片的颜色搭配需要做到以下两个方面，如图4-19所示。

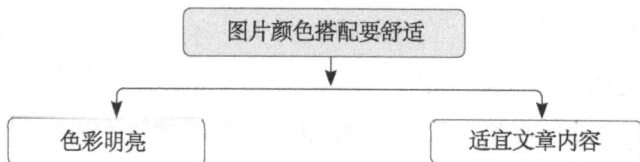

▲图4-19 图片颜色搭配需做到的几方面

下面，将详细介绍这两个方面。

1. 色彩明亮

在没有特殊情况的条件下，微
信公众号的图片要尽量选择色彩明
亮的，因为这样的图片能给公众号带
来更多的阅读量，其具体原因如图
4-20 所示。

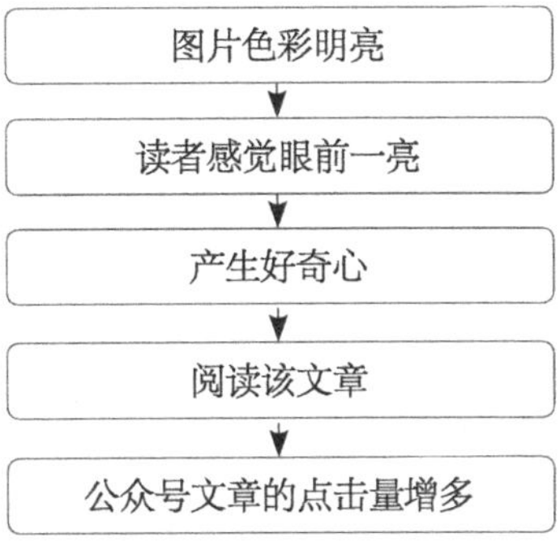

很多读者在阅读文章时希望能有
一个轻松、愉快的氛围，不愿在压抑
的环境中阅读，而色彩明亮的图片就

▲图 4-20 色彩明亮的图片带来更多单击量的原因

不会给读者一种压抑、沉闷的感觉，恰好能给读者带来良好的阅读氛围。

2. 适宜文章内容

微信公众号在选择图片时需要考虑是否与公众号发表的文章的内容适宜，如
果公众号推送的内容是悲沉、严谨的，就可以选择适应内容的颜色的图片，那么
就不可以使用太过跳跃的颜色，否则会使整体感觉不搭。

4.3.2 适宜的图片尺寸

笔者前面在讲到公众号文章主图时就提到过要选择适宜的图片作为文章的主
图，其实在选择微信公众号中的每一张图片时都要经过仔细地斟酌，选择尺寸大
小适宜的图片。

微信公众号文章编辑者在选择图片尺寸大小时，需要清楚的是，图片格式的
选择是多样的，如图 4-21 所示。

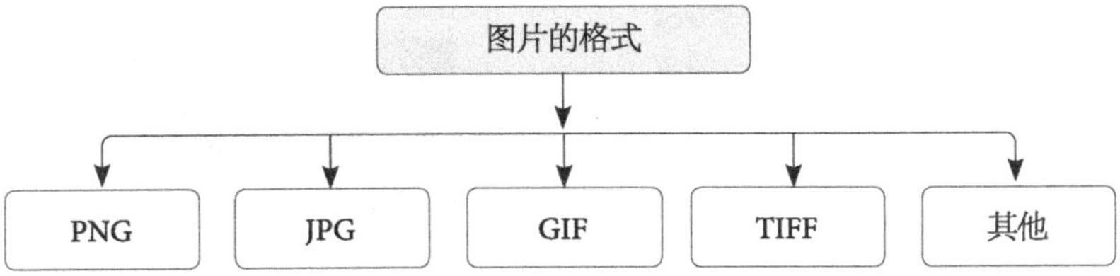

▲图 4-21 图片的格式

微信公众号文章编辑者在选择图片时，应该尽量将单张图片的大小控制为
1.5MB~2MB，在这个限制下公众号文章编辑者可以从以上图片格式中选取效果
最佳的格式进行图片制作。

同时，公众号文章编辑者可以根据公众号定位的读者的阅读时间而对图片的大小做调整。

之所以要选择合适的图片大小，就是从读者阅读体验出发的，以避免过大的图片耗费读者的大量流量及耗费图片加载的时间。如果公众号定位的读者，一般习惯晚上八九点阅读文章，而这个时间段基本上人们都是待在家里的，读者可以使用Wi-Fi打开公众号进行阅读，不用担心读者的流量耗费也不用担心图片加载过慢，那么文章编辑者就可以适当使图片大一些，给读者提供较清晰的图片，让读者拥有较好的阅读体验。

如果读者公众号定位的读者大部分都是在早上七八点阅读文章，那么读者使用手机流量上网的可能性就会比较大，公众号如果在这个时间段发送文章，就需要将图片的大小控制为前面所说的 1.5MB~2MB，为读者节省流量的同时也节省图片加载时间。

4.3.3 注意图片的多少

图片的多少可以从以下两方面来理解。

1. 推送的图文的量

推送的图文的多少是指一个公众号每天推送的文章的多少。细心的读者会发现，有的公众号每天会发送好几篇文章，如图 4-22 所示；而有的公众号每天只推送一篇文章，如图 4-23 所示。

▲图 4-22 每天推送多篇文章的公众号

图 4-23 每天推送一篇文章的公众号

　　公众号推送的图文越多，所用的侧图就会越多；推送的图文越少，所用的侧图也就越少。

　　微信公众号文章的单图文推送与多图文推送各有各的特点，它们的特点如图4-24所示。

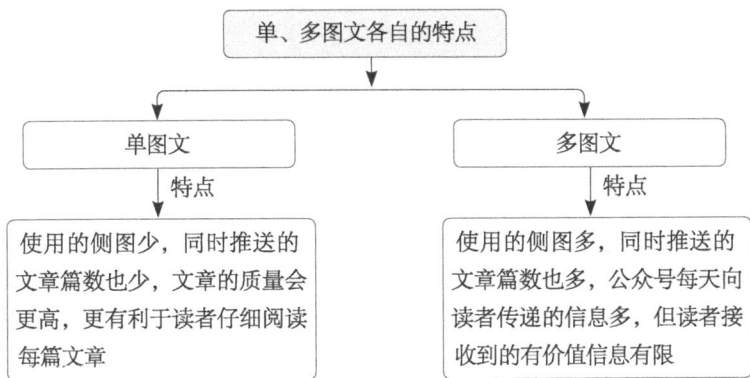

▲图 4-24　单、多图文各自的特点

2. 文章中排版所用图片的数量

　　每个公众号都有属于自己的特色，有的公众号在文章内容排版时会选择多图片的形式。

　　如图 4-25 所示，是一个叫 "会声会影 1 号" 微信公众号推送的多图片排版文章的部分内容展示。

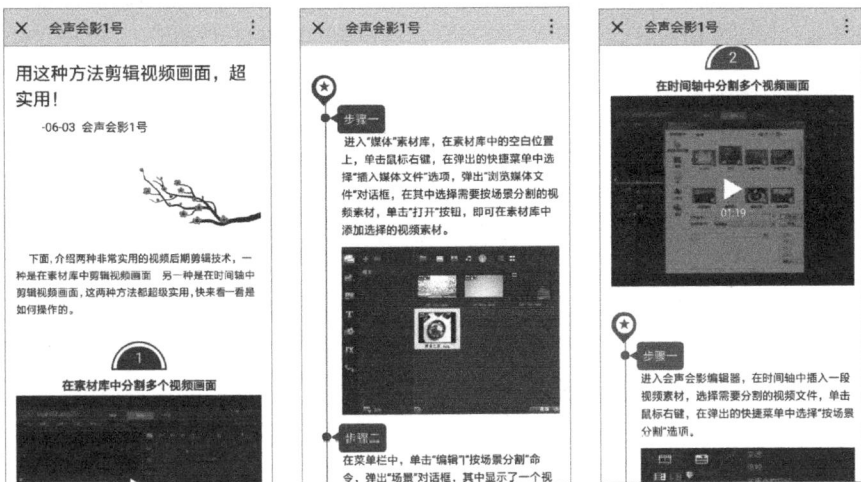

▲图 4-25　"会声会影 1 号"公众号多图片排版文章的部分内容展示

但是，有的微信公众号进行文章内容排版时，就只使用一张图片。

多图片、少图片的排版方式会给读者带来不一样的体验，它们的区别如图4-26所示。

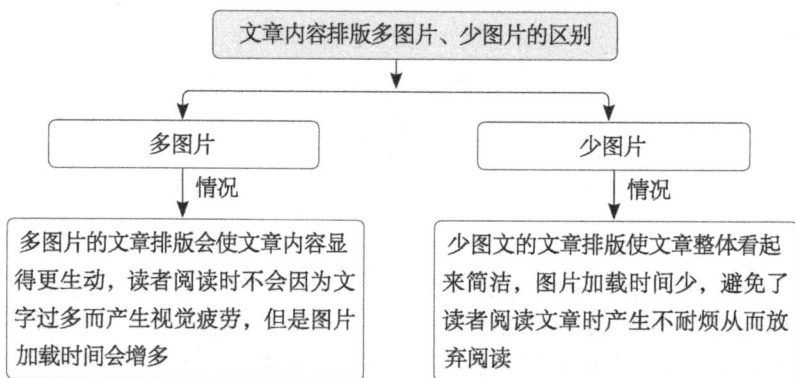

```
┌─────────────────────────────┐
│   文章内容排版多图片、少图片的区别   │
└─────────────────────────────┘
          │
    ┌─────┴─────┐
    ↓           ↓
┌────────┐   ┌────────┐
│  多图片  │   │  少图片  │
└────────┘   └────────┘
    │情况        │情况
    ↓           ↓
┌──────────────┐ ┌──────────────┐
│ 多图片的文章排版会使 │ │ 少图文的文章排版使文章整体看起 │
│ 文章内容显得更生动， │ │ 来简洁，图片加载时间少，避免了 │
│ 读者阅读时不会因为文 │ │ 读者阅读文章时产生不耐烦从而放 │
│ 字过多而产生视觉疲劳， │ │ 弃阅读          │
│ 但是图片加载时间会增多 │ │              │
└──────────────┘ └──────────────┘
```

▲图 4-26 文章内容排版多图片、少图片的区别

4.3.4 给图片"化妆"

企业、个人在进行微信公众号运营时是离不开图片的，图片是使公众号文章内容变得生动的一个重要武器，会影响文章的阅读量。

因此，企业或个人在使用图片给公众号增色时可以通过一些方法给图片"化妆"，使图片更加有特色，吸引更多的读者

微信公众号文章编辑者给自己的图片"化妆"，可以使原本单调的图片，通过多种方式变得更加鲜活。微信公众号文章编辑者要给图片"化妆"有两个方法，如图4-27所示。

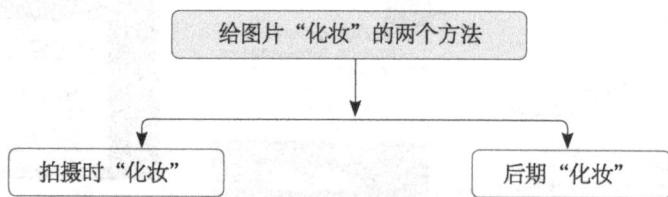

```
┌──────────────┐
│ 给图片"化妆"的两个方法 │
└──────────────┘
        │
   ┌────┴────┐
   ↓         ↓
┌────────┐ ┌────────┐
│ 拍摄时"化妆" │ │ 后期"化妆" │
└────────┘ └────────┘
```

▲图 4-27 给图片"化妆"的两个方法

下面，为大家具体介绍这两个方法。

1. 拍摄时"化妆"

微信公众号使用的照片的来源是多样的，有的公众号使用的图片是企业或个

人拍摄的,有的是从专业的摄影师或其他地方购买的,还有的是从其他渠道免费得到的。

自己拍摄图片的企业或个人微信公众号运营者,拍摄图片时注意拍照技巧的运用,以及拍摄场地布局、照片比例布局等,就能达到给图片"化妆"的效果。

2. 后期"化妆"

微信公众号运营者如果在拍完照片后对图片觉得不太满意,可以选择通过后期来给图片"化妆";或者微信公众号运营者不满意从其他地方得到的图片,也可以选择后期"化妆"。

现在用于图片后期的软件有很多,如强大的 Photoshop、众所周知的美图秀秀等,微信公众号文章编辑者可以根据自己的实际技能水平选择图片后期软件,通过软件使图片变得更加引人注目。

一张图片有没有加后期,效果差距是非常大的,图 4-28 所示是同一张照片没加后期(左边)与加了后期(右边)的效果对比。

▲图 4-28 同一张图片加后期前后的效果对比

4.3.5 用长图文产生冲击力

长图文也是一种使微信公众平台的图片获得更多关注的好方法。长图文将文字与图片融合在一起,借文字描述图片内容,同时图片所要表达的意思会更生动、形象,两者相辅相成,能够极大提升文章的阅读量。

4.3.6 GIF 格式更生动

很多的微信公众号放图片时都会采用 GIF 动图形式，这种动起来的图片确实能为公众号吸引不少的读者。GIF 格式的图片更有动感，相比传统的静态图，它的表达能力会更强大。静态图片只能定格某一瞬间，而一张动图则可以演示一个动作的整个过程，自然其效果会更好。如图 4-29 所示，一张图片演示完成所有的内容。

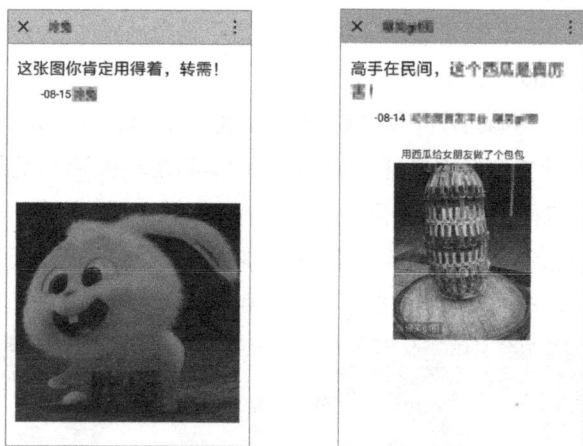

▲图 4-29 微信推文中的 GIF 格式图片

4.3.7 给图片打标签

要想使微信公众号的图片引起读者注意，给图片加标签也是微信公众运营者需要注意的一个问题。给图片加标签的意思就是给公众号的图片加上专属于该公众号的水印。

微信公众号文章编辑者如果要给图片加上专属标签，可以在微信公众平台的后台进行操作。下面，笔者就给大家介绍一下具体的操作方法。

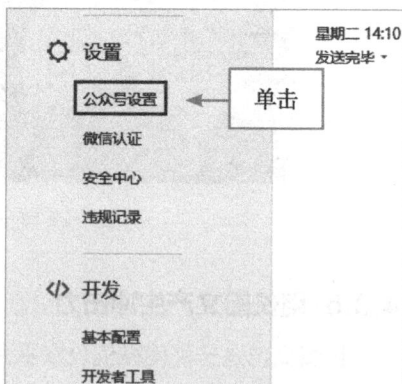

▲图 4-30 单击"公众号设置"按钮

步骤 01 进入微信公众平台，然后单击"公众号设置"按钮，如图 4-30 所示。

步骤 02 进入"公众号设置"页面后，单击"功能设置"按钮，就能看到设置水印一栏，如图 4-31 所示。

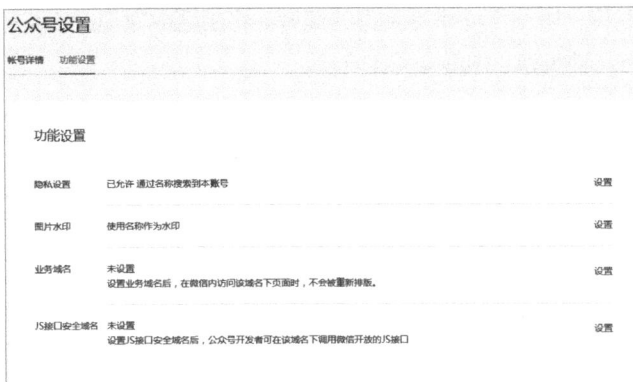

▲图 4-31 设置水印一栏

步骤 03 单击"设置"按钮，就会跳出相应的"图片水印设置"页面，如图 4-32 所示，图片水印的设置有"使用微信号""使用名称""不添加"3 种形式。

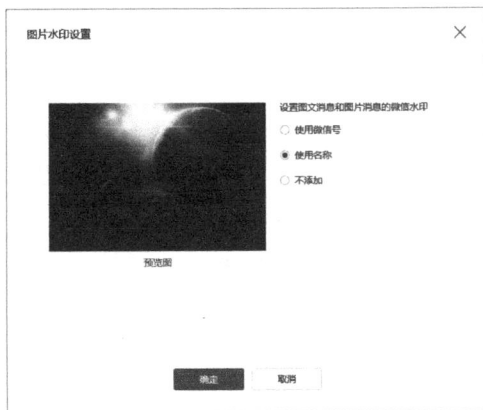

▲图 4-32 "图片水印设置"页面

既然目的是给图片加标签，那么就可以忽视第 3 种形式，微信公众运营者可以在前两种形式中根据自己的想法选择一种设定微信图片的水印的形式，然后单击"确定"按钮。

4.3.8 制造多彩二维码

在现实生活中，随处都有二维码的身影，二维码营销已经成为一种常见的营销方式。使用二维码对于微信公众平台来说是吸引读者的一种重要的手段，同时二维码是微信公众平台的电子名片。

因此，企业或个人运营自己的平台时，可以采用制作多种类型的二维码进行平台推广与宣传，吸引不同审美类型的读者。将生活中常见的二维码进行分类，可以分为以下几种类型，如图 4-33 所示。

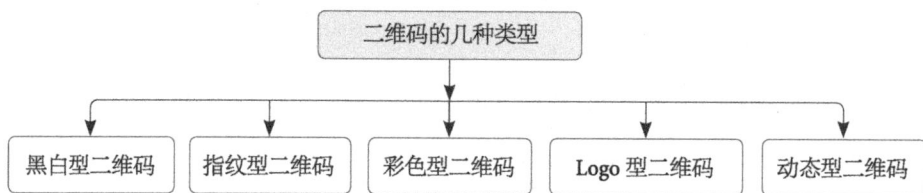

▲图 4-33 二维码的几种类型

下面，为大家具体介绍这几种类型的二维码。

1. 黑白型二维码

在日常生活中，常见的二维码都是黑白格子的，如图 4-34 所示，这种单一的形式已经不能够满足喜欢尝鲜、创新的消费者了。

2. 指纹型二维码

相信很多人对于这种二维码都不会感到陌生，这是一种曾经流行的二维码。它的特色是一张正常的普通的二维码旁边有一个指纹型的动图，相比一般的二维码，它给人的感觉会比较有趣。图 4-35 所示是一个指纹型二维码。

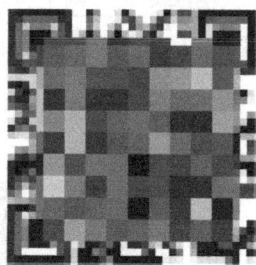

▲图 4-34 黑白二维码

3. 彩色型二维码

彩色的二维码是一种非常有特色的二维码，它不像黑白型二维码那么单调、死板，彩色二维码是靓丽、有活力的，这种二维码能够吸引大批追求新颖与特色的读者，能够使微信公众平台变得更有特色。

长按指纹，识别二维码关注

▲图 4-35 指纹型二维码

4. Logo 型二维码

Logo 型二维码是指企业将自己公司的 Logo 设计到二维码中，使读者扫码或阅读时能够看到自己企业的 Logo 形象，加深了读者对自己企业的印象，也实现了提升企业知名度的目的。

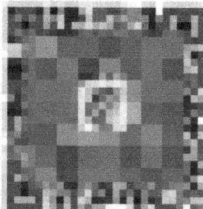

图 4-36 Logo 型二维码

这种类型的二维码，是企业进行微信营销与推广一种常用的二维码，其效果是很不错的。图 4-36 所示是一个 Logo 型二维码。

5. 动态型二维码

动态型二维码是微信公众平台运用的一种广泛的二维码类型，相比静态的二维码，动态型二维码能够带给读者更多动感，能给观者留下深刻的印象，一个动态微信公众号二维码就是一张动态名片。图 4-37 所示是一家儿童乐园的微信公众号使用的动态型二维码。

▲图 4-37 动态型二维码

第5章

内容雕琢:
精品文章引爆阅读量

学前提示 >>> 　　虽然标题是读者对公众平台文章的第一印象，但在实际的文章写作中，文章编辑者只有在确定了文章的正文后，才能思考标题。因此，文章的正文编写是非常重要的，它决定着微信公众平台运营的好坏。

要点展示 >>>
- ◆ 公众平台正文的形式。
- ◆ 平台正文的内容雕琢。
- ◆ 平台正文的写作技巧。
- ◆ 平台正文推送前的注意事项。

5.1 公众平台正文的形式

微信公众平台在编辑正文时，正文的内容形式可以是多样的，而且这些形式都拥有独属于自己的特色，是其他形式不可比拟的，因此微信公众平台运营者要将每种形式都掌握。

微信公众平台用来发布正文的这些不同的形式，能给读者带来不同的阅读体验，丰富读者的阅读生活。笔者总结得出，微信公众平台发布正文的形式包括图5-1 所示的 6 种形式。

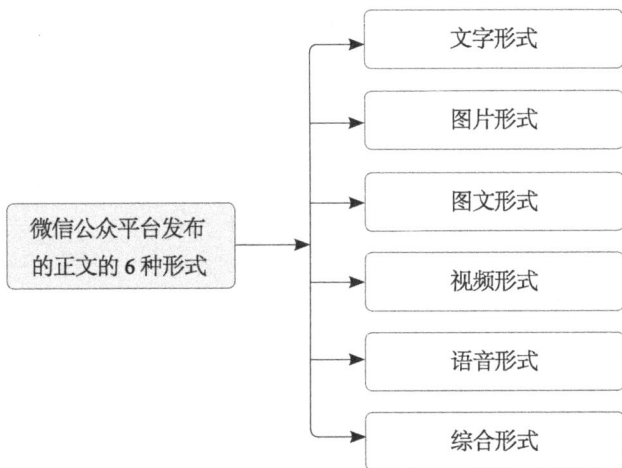

▲图 5-1 微信公众平台发布的正文的 6 种形式

5.1.1 文字形式

文字型的微信公众平台的正文指的是，除了那些邀请读者关注该公众号的图片或文章尾部的该微信公众号的二维码图片，文章要表达的内容都是用文字描述，没有嵌入一张图片的文章。

微信公众平台上不常见文字形式的正文。如果这种形式的正文的字数很多、篇幅很长，那么就非常容易引起读者阅读疲劳，使读者产生抵触心理。所以，微信公众平台经营者推送文章时，可以少用这种形式来传递正文。

如图 5-2 所示，是某知名作家的个人公众号中一篇采用文字形式传递微信公众平台的正文的案例。

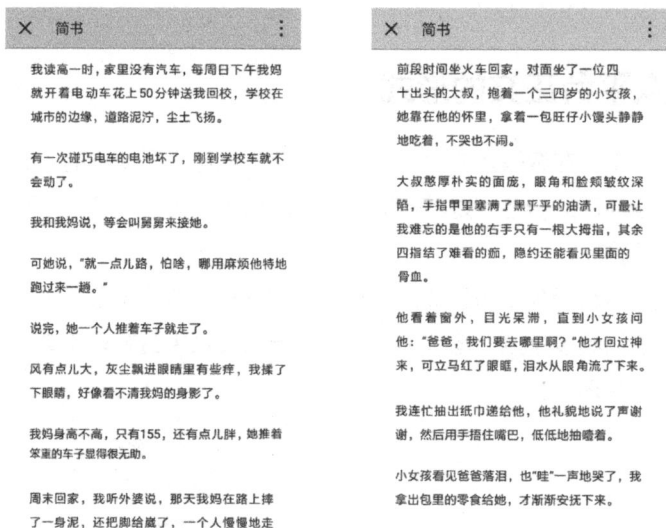

▲图 5-2 采用文字形式传递微信公众平台的正文的案例

5.1.2 图片形式

　　微信公众平台推送的图片形式的正文，指的是在整篇公众号文章中，其正文内容都是以图片表达的，没有文字或文字已经包含在图片里面了。

5.1.3 图文形式

　　关于图文形式，其实就是一种将图片与文字结合的形式。微信公众平台正文的呈现形式可以是一张图也可以是多张图，这两种不同的图文形式，呈现出的效果也是不一样的。如果微信公众号发布的是包含一张图的文章，那么文章为一张图片配一篇文字。

　　如果微信公众号发布的是多张图的文章，那么就是一篇文章中配多张图片。图 5-3 所示是"会声会影 1 号"公众号推送的多张图的文章。

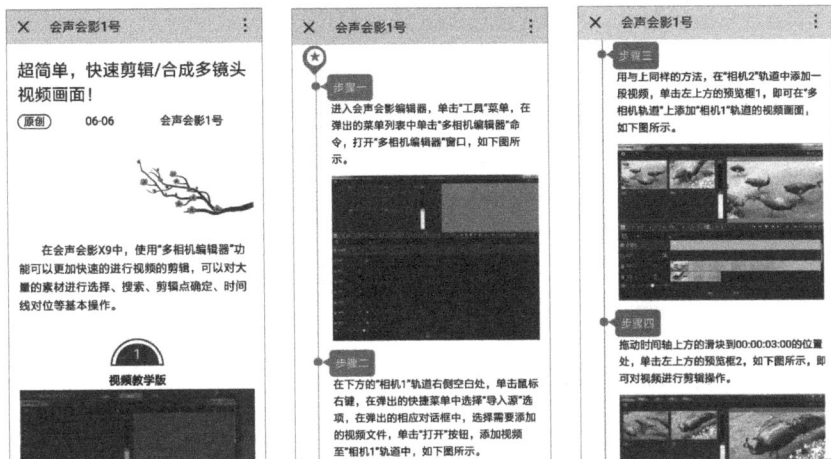

▲图5-3 "会声会影1号"公众号推送的多张图的文章

5.1.4 视频形式

采用视频形式传递微信公众平台的正文，是指各大商家可以将自己要宣传的卖点拍摄成视频，发送给广大用户群。它是当下一种传递微信公众平台正文的热门形式。

相比文字和图片，视频更具备即视感和吸引力，能在第一时间快速地引起受众注意，从而达到理想的宣传效果。以微信公众平台"一条"为例，它每天都会为用户推送一条3分钟左右的原创视频，图5-4所示为"一条"推送的视频内容。

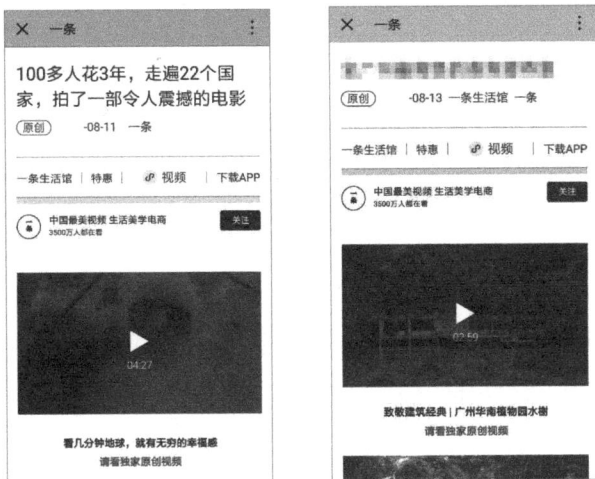

▲图5-4 微信公众号"一条"以视频形式传递正文的案例

微信公众运营者可以将想要发布的视频上传到微信公众平台上，然后保存到素材库中。发布视频时选择"从素材库中选择"选项，或者将视频保存到计算机中，然后通过"新建视频"选项来添加视频，"添加视频"的页面如图5-5所示。

▲图5-5 "添加视频"页面

5.1.5 语音形式

采用语音形式传递微信公众平台的正文，是指平台运营者将自己想要向读者传递的信息通过语音的形式发送到公众平台上。这种形式可以拉近与读者的距离，使读者感觉更亲切。

语音和视频一样，微信公众平台的运营者可以先将语音录到计算机里，然后在微信公众平台进行上传，微信公众平台的"新建语音"。

5.1.6 综合形式

微信平台运营者除了可以运用上述向读者传递的微信公众平台的几种类型的正文，还有一种形式用于传递平台的正文也是非常不错的，那就是综合形式。

综合形式，顾名思义就是将上述传递平台的正文的5种形式中的一部分综合起来，运用在一篇文章里。

这种形式可谓是集几种形式的特色于一身，兼众家之所长。这种形式能够给读者极致的阅读体验，让读者在阅读文章时不会感觉枯燥乏味。微信运营者运用这种形式传递微信公众平台的正文能够为自己的平台吸引更多的读者，提高平台粉丝的数量。

> **专家
> 提醒**
>
> 　　需要注意的一点是，微信公众平台以综合形式向读者传递正文内容并不是指在一篇文章中要出现所有的形式，而是只要包含 3 种或 3 种以上形式就可以称为是以综合形式传递正文。
>
> 　　目前，将每种形式都包含在一篇文章中的微信公众平台还比较少，但一篇文章中包含 3 种或 3 种以上形式的还是比较常见的。

5.2 平台正文的内容雕琢

　　微信公众平台运营者想要使文章的正文能够出奇制胜，就需要掌握一些技巧，对文章的正文内容进行润色，使正文内容出众、出彩。下面，笔者将为大家介绍一些使平台内容出众、出彩的润色技巧。

5.2.1 写作要避开误区

　　随着微信时代的到来，各种微信营销信息随之泛滥，太多没有价值的垃圾信息混杂进来，占据大众的视线和时间。想要使自己的正文能吸引读者阅读，避开正文写作中的误区是关键的。平台正文写作需要避开三大误区，如图 5-6 所示。

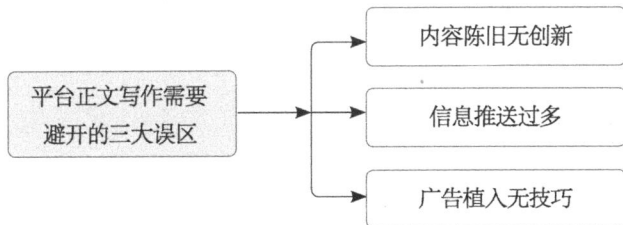

```
┌──────────────┐        ┌──────────────────┐
│              │   ┌───▶│   内容陈旧无创新   │
│ 平台正文写作需要 │   │    └──────────────────┘
│ 避开的三大误区 │───┼───▶│   信息推送过多   │
│              │   │    └──────────────────┘
└──────────────┘   └───▶│   广告植入无技巧   │
                        └──────────────────┘
```

▲图 5-6 平台正文写作需要避开的三大误区

下面，将具体介绍这三大误区。

1. 内容陈旧

　　商家创作微信公众平台的目的其实只有一个，那就是获取更多粉丝的关注，在平台文章中植入广告，也是为了借助粉丝推销产品。据了解，有 99% 的商家将自己的平台的内容编写成了路边的宣传单。

　　如果商家的平台内容都是千篇一律的，没有新意，没有趣味，没有实用价值，用户是不会关注的，商家的预定宣传效果也就无法实现。

2. 推送过多

微信公众平台推送信息的到达率是百分之百，因此商家乐此不疲，推送过多的信息，造成轰炸之势，以为这样能博取用户的关注。实际上，用户虽然收到了这些微信公众平台的消息，但并不会一一点开查看。

过多的信息只会让用户心烦，他们可能会产生逆反心理，不去翻阅，于是商家的很多消息并没有真正被接收。

3. 广告植入

不少企业的微信公众平台的用户众多，商家急于宣传，于是在平台信息中硬性植入广告，对技巧和内容要求也相对较低，没有多少技术含量，完全没有考虑用户的感受。这种广告事实上也不会收到多少效果，只会让用户厌烦，甚至取消关注，商家最后得不偿失。

5.2.2 选好语言风格

微信公众平台文章编辑者在编写文章正文时要根据企业所处的行业及平台定位的订阅群体，选择适合该行业的文章语言风格。合适的语言风格能给公众平台的粉丝带来优质的阅读体验。以定位为传播搞笑内容为主的公众号为例，那么它的正文的语言风格就必须诙谐、幽默，并配上一些具有搞笑效果的图片。

5.2.3 用正文封面吸引读者

封面是文章正文中重要的一部分，一个精美的封面能够给平台带来的阅读量是不可估量的。平台对于封面图片的尺寸大小给出的建议是：如果是小图片，建议200像素×200像素，笔者给出的建议是：900像素×500像素。图片尺寸过大或过小，容易造成图片被压缩变形，那样效果就会大打折扣了。

5.2.4 用正文摘要吸引读者

在编辑消息图文时，在页面的最下面，有一个编写摘要的部分，这部分的内容对于一张图消息来说非常重要，因为发布消息后，这部分的摘要内容会直接出现在推送信息中，如图5-7所示。

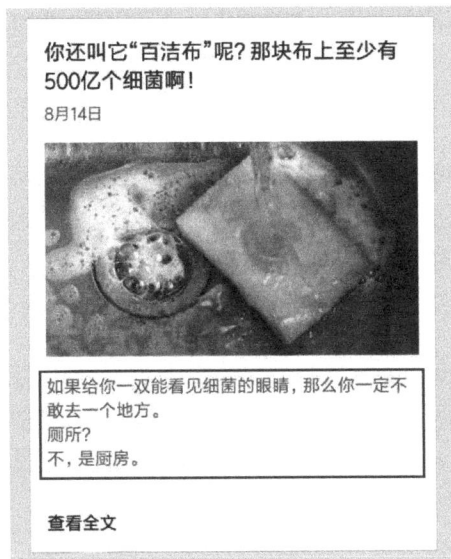

▲图5-7 摘要内容

摘要应尽量简洁明了，如果摘要写得好，不仅能够激发用户对文章的兴趣，还能够激发读者的第二次阅读的兴趣。

当微信运营者编辑文章内容时，如果没有选择填写摘要，那么系统就会默认抓取正文的前54个字作为文章的摘要。

5.2.5 用内容要点吸引读者

微信公众平台的正文想要吸引用户，就需要有一定的内容要点，如何使一篇文章从众多的推送内容中脱颖而出？站在用户的立场，他们第一要关注的就是商家传输的消息和自己切身利益是否相关。也就是说，商家抓住了受众的需求，也就是抓住了受众的关注点。下面，笔者将从以下几个方面阐述微信公众平台正文内容如何抓住受众的要求。

1. 地域差异

通常，用户关心的是自己身边发生的事情，商家可以根据本地和外地的差异，制作不同的微信内容。

2. 趣味内容

受众都是喜欢有趣的信息的。如果微信公众平台能将内容娱乐化，对宣传效果大有裨益。商家将内容娱乐化是抓住用户百试不爽的方法，具体的做法就是将内容转化为用户喜欢的带有趣味性的形式，让用户感受趣味性的内容，同时接受企业的宣传信息。

3. 独特内容

怎样使推送的内容具有独特性？答案就是要形成企业自己的个性。在报道方式、内容倾向和编写上，自成体系，与他人的微信公众平台上的内容有较明显的差异化，做到与众不同，以此提高自己平台的识别度。

4. 震撼内容

商家使内容有意外性和稀缺性，能够提升内容的震撼性，什么是意外性和稀缺性？就是内容让人感到意外，同时题材稀缺。越是少见的内容，用户越感兴趣，它的传播价值也就越大，所谓的独家新闻就是这个道理，商家可以借鉴一二。

5. 病毒式传播

微信是供大众交流的桥梁，之所以叫作公众平台，正是体现这个功能。因此商家可以借助这个优势，在微信公众平台上发布一些互动的内容，以此来激发网友的传播力量，使信息形成病毒式传播效应。

5.2.6 学会向读者主动求赞

随着微信公众平台各项准则的完善，原创内容越来越受到重视，为了表达这一重视，微信公众平台还推出了"原创声明"这一功能。

> **专家提醒**
>
> "原创声明"功能有哪些作用呢？获得原创声明功能的平台，一旦发现有人转载其内容并且没有注明出处，微信公众平台会自动为转载的内容注明出处并给予通知。
>
> 如果商家发送的是自己的原创信息，就可以设置这一功能。保护自己权益，并且用原创文章为自己的公众平台带来更多的读者。

5.3 平台正文的写作技巧

通常，文章都由3部分结构组成，每一个结构部分都有着相应的写作技巧。下面，将分别为大家讲解在微信公众号中发布的文章的各部分写作技巧。

5.3.1 正文开头的写作技巧

一篇公众平台的文章，其开头的重要性仅次于文章标题。所以，微信公众平台编辑者写文章时，一定要注意在开头就吸引读者的目光，只有这样才能让读者继续阅读。

微信公众平台上的文章，正文的开头是一篇文章中重要的内容，决定了读者对这篇文章内容的第一印象，因此微信公众平台编辑者要极为重视正文的开头。

微信公众平台上，一篇优秀的文章，在写正文开头时一定要做到以下 4 点，如图 5-8 所示。

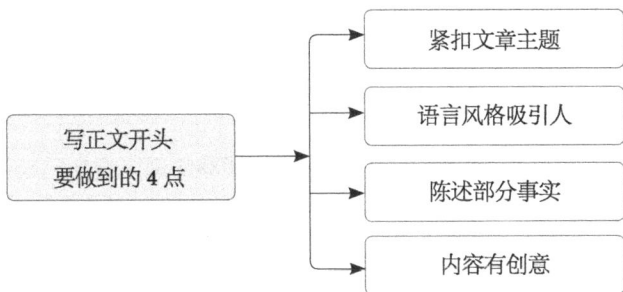

▲图 5-8 写正文开头要做到的 4 点

下面，为大家介绍正文开头的 5 种技巧。

1. 想象猜测

微信公众平台的编辑者写想象猜测型的正文开头时，可以稍稍运用一些夸张的写法，但不要太过夸张，基本上还是倾向于写实或拟人，能让读者刚看到文章时就能够展开丰富的联想，猜测文章中会讲述什么，从而产生强烈的继续阅读文章的欲望。

使用想象猜测型的文章开头时，要注意的就是开头必须有一些悬念，给读者以想象的空间，最好是可以引导读者进行思考。

2. 平铺直叙

平铺直叙型也叫作波澜不惊型，表现为写正文开头时，将一件事情或故事有头有尾、一气呵成地说出来，平铺直叙，也有的人将这样的方式叫作流水账，其实也不过分。

平铺直叙型的方式，正文中使用的并不多，更多的还是存在于媒体发布的新闻稿中。但是，在微信公众平台的正文的开头中也可以适时使用这种类型的写作方法，如重大事件或名人明星的介绍，通过正文本身表现出来的强大吸引力吸引读者继续阅读。

3. 开门见山

开门见山型的文章开头，需要作者在文章的首段就将自己想要表达的东西都写出来，不隐隐约约而是干脆爽快。

微信公众平台的文章编辑者使用这种方法进行正文开头创作时，可以使用朴实、简洁的语言，直接将自己想要表达的东西写出来，不故作玄虚。

使用这种开门见山型的文章开头时，要注意的是，正文的主题或事件必须足够吸引人，如果主题或要表达的事件没办法快速地吸引读者，那么最好还是不要使用这样的方法。

4. 幽默分享

幽默感是与他人之间沟通时最好的工具，能够快速搭建自己与对方的桥梁，拉近彼此之间的距离。

幽默的特点就是令人高兴、愉悦。微信公众平台文章的编辑者如果能够将这一方法使用到文章的正文开头写作中，将会取得不错的效果。

在微信平台上，有很多的商家会选择在文章中以一些幽默、有趣的故事作为开头，吸引读者的注意力。相信没人会不喜欢可以带来快乐的事物，这就是幽默分享型正文开头的存在意义。

5. 名言名句

在写公众平台文章时，使用名言名句开头的文章，一般会更容易吸引受众。因此，公众平台编辑者写公众号文章时，可以多搜索一些与文章主题相关的名人名言，或经典语录。

在公众平台文章的开头，如果编辑能够用一些简单、精练，深扣文章主题并且深藏意蕴的语句，名人说过的话语，以及民间谚语、诗词歌赋，等等，就能够使文章看起来更有内涵，而且这种写法更能吸引读者，可以提高公众平台文章的可读性，以及更好地凸显文章的主旨和情感。

除了用名言名句，还可以使用一些蕴涵道理的故事作为文章正文的开头。小故事虽然都简短但是有吸引力，能很好地引起读者的兴趣。

5.3.2 正文中间的写作技巧

介绍了微信公众平台正文的开头写作技巧后，笔者将为大家介绍正文中间部分的写作方法。总的来说，正文中间部分的写作方法可以分为常规型和创新型两大类型。下面，将对这两种类型的写作方法分别做分析说明。

1. 常规型

一篇微信公众平台的正文，常规的写作方法有以下5种，如图5-9所示。这些写作方法虽然是常规的，但是只要写好了，其作用却不可忽视。下面，笔者将逐一为大家介绍正文中间部分的5种常规型写作方法。

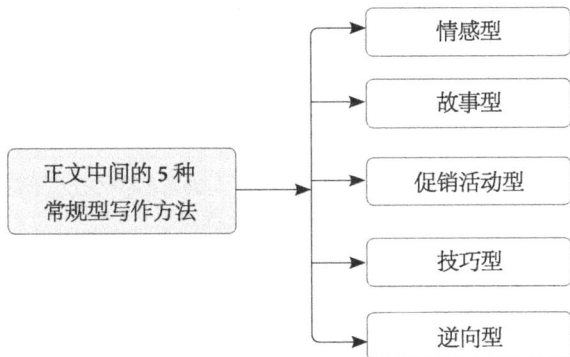

▲图5-9 正文中间的5种常规型写作方法

（1）情感型：情感的抒发和表达已经成为公众平台营销的重要媒介。一篇有情感价值的文章往往能够引起很多消费者的共鸣，从而提高消费者对品牌的归属感、认同感和依赖感，相关介绍如图5-10所示。

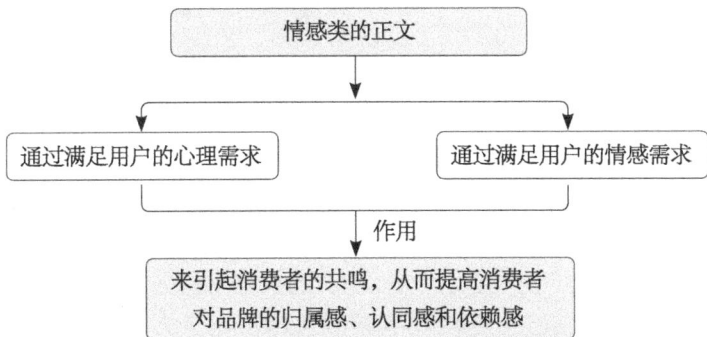

▲图5-10 对情感型正文的介绍

情感消费和消费者的情绪挂钩，一篇好的公众平台文章，主要是通过文字、图片的组合，打造出一篇动人的故事，再通过故事触动读者的情绪。

可以说，情感消费是一种基于个人主观想法的消费方式，这部分的消费者，最关注自己两个方面的需求，如图5-11所示。

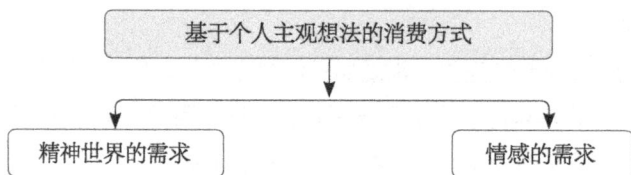

▲图 5-11 基于个人主观想法的消费方式

因此，写情感型的公众平台文章，需要富有感染力，尽量达到以下的某一方面的作用，如图 5-12 所示。

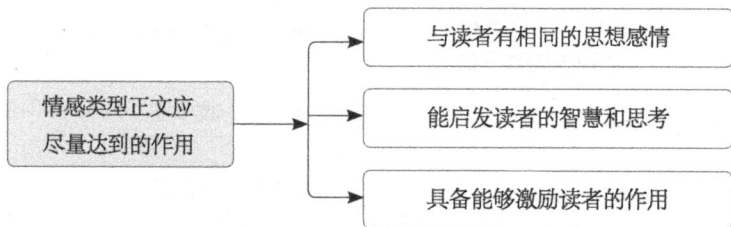

▲图 5-12 情感型正文应尽量达到的作用

那么应该从哪些方面挖掘情感呢？笔者给出 4 个方面的建议，如图 5-13 所示。

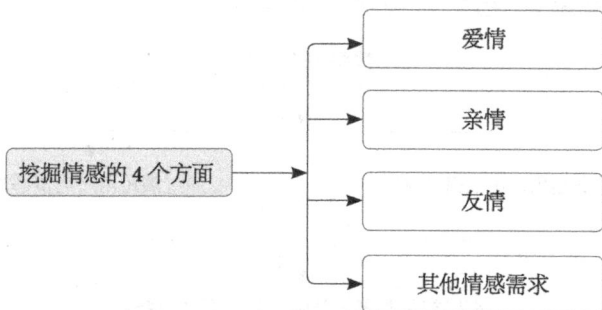

▲图 5-13 挖掘情感的 4 个方面

爱情、亲情、友情是老生常谈的 3 种感情，而其他情感需求是指除了爱情、亲情、友情的所有情感因素，人的情感是非常复杂的，无论是满足人们的哪种情感或情绪需求，都能打动人心，走进消费者的内心，实现营销的目的。

专家
提醒

情感型正文就是这么神奇，让人置身在一个美好的故事中，然后让人在故事中获得广告信息，却不会令人有任何反感的情绪。

（2）故事型：故事类的公众平台的正文是一种容易被读者接受的正文题材，

一篇好的故事正文,很容易让读者记忆深刻,拉近品牌与读者之间的距离,生动的故事容易让读者产生代入感,对故事中的情节和人物会产生向往之情。企业如果能写出一篇好的故事型正文,就会很容易找到潜在客户和提高企业信誉度。

那么文章编辑者如何打造一篇完美的故事文章呢?首先需要确定的是产品的特色,将产品关键词提炼出来,然后将产品关键词放到故事线索中,贯穿全文,让读者读完后印象深刻。同时,故事型正文写作最好满足以下的两个要点,如图5-14所示。

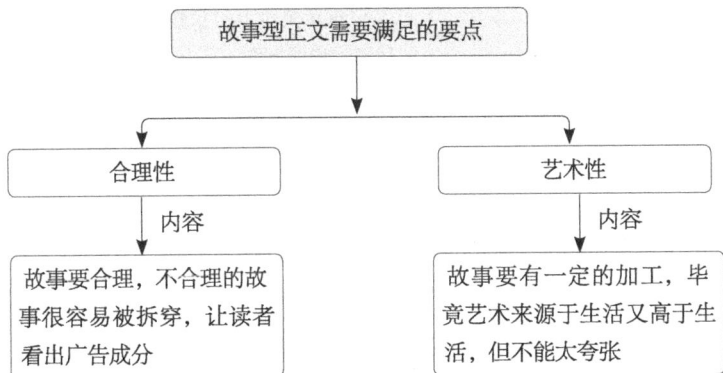

▲图5-14 故事型正文需要满足的要点

> 当企业要对某样产品进行公众平台软广告植入文章营销时,可以根据企业的目标编一个故事,在合情合理的前提下,将产品巧妙地融入故事中。

(3)促销活动型:促销活动型正文其实是比较直白的,甚至是越直白越好,它是如今企业用得比较多的公众平台软广告植入文章类型。

一般来说促销活动型正文有图5-15所示的两种形式。

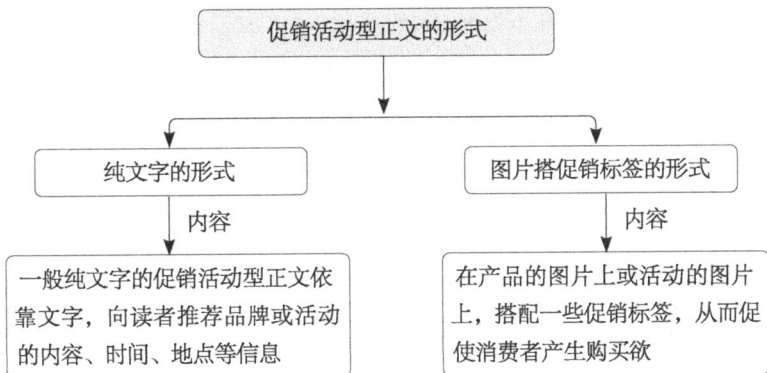

▲图5-15 促销活动型正文的形式

微信公众平台的文章编辑者在写促销活动型正文时，可以使用的方法有图5-16所示的几点。

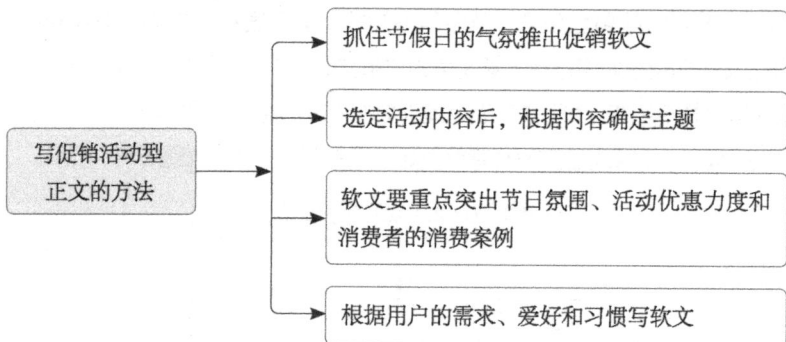

抓住节假日的气氛推出促销软文

选定活动内容后，根据内容确定主题

写促销活动型正文的方法

软文要重点突出节日氛围、活动优惠力度和消费者的消费案例

根据用户的需求、爱好和习惯写软文

▲图5-16 写促销活动型正文的方法

除了编写方法，微信公众平台文章编辑者写促销活动型正文还要注意图5-17所示的两点内容。

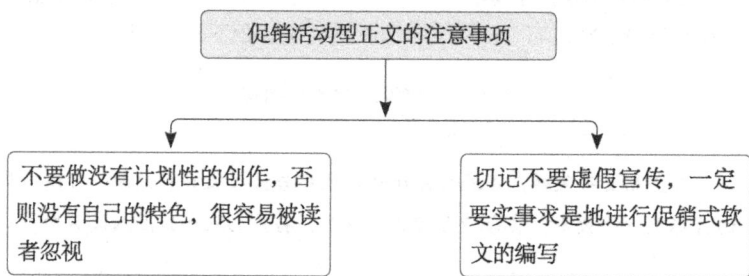

促销活动型正文的注意事项

不要做没有计划性的创作，否则没有自己的特色，很容易被读者忽视

切记不要虚假宣传，一定要实事求是地进行促销式软文的编写

▲图5-17 促销活动型正文的注意事项

（4）技巧型：所谓技巧型正文，是指文章以向读者普及一些有用的小知识、小技巧为中心主题。很多行业的产品都非常适用技巧型正文来进行宣传、推广，如某类软件使用方法、生活中某类需要掌握的小知识等。

一般来说，技巧型正文好写又好用，在网络上随处可见，它内容简短，写作耗时较少，实用性高，所以很受微信公众平台运营者的追捧。

（5）逆向型：逆向型的微信公众平台正文的写法，指的是不按照大家惯用的思维方法写文章，而是采用反向思维的方法进行思考、探索。人们的惯性思维是按事情的正常发展方向去思考某一件事情，并且寻找该事件的解决措施，但是有时换一种思考方向可能事情会更容易解决。

公众平台文章编辑者写作逆向型正文时，有3种逆向思维方式可以利用，如图5-18所示。

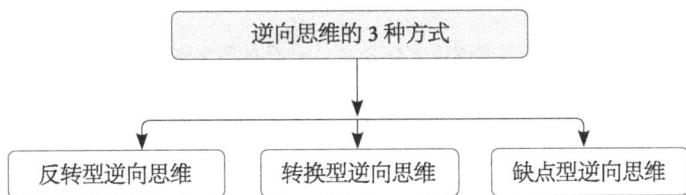

▲图 5-18 逆向思维的 3 种方式

2. 创新型

新鲜的东西总是让人感觉兴奋，具有创新性的事物总是更能够吸引人们的注意力。微信公众号的读者都喜欢创新的东西，所以平台文章编辑者写微信公众平台文章的正文时，可以尝试给软文增加一些创新型的内容。

下面，笔者将为大家介绍几种创新型的正文写作方法。

（1）悬念型：所谓悬念，就是人们常说的"卖关子"。作者通过悬念的设置，激发读者丰富的想象和阅读兴趣，从而实现写作的目的。

正文的悬念型布局方式，指的是在正文中的故事情节、人物命运发展到关键时设置疑团，不及时作答，而是在后面的情节发展中慢慢解开疑团，或是在描述某一奇怪现象时不急于说出产生这种现象的原因。

这种方式能使读者产生急切的期盼心理。也就是说，悬念式正文就是将悬念设置好，然后嵌入到情节发展中，让读者自己去猜测、关注，等到吸引了受众的注意后，再将答案公布出来。

制造悬念通常有 3 种常用方法，具体内容如图 5-19 所示。

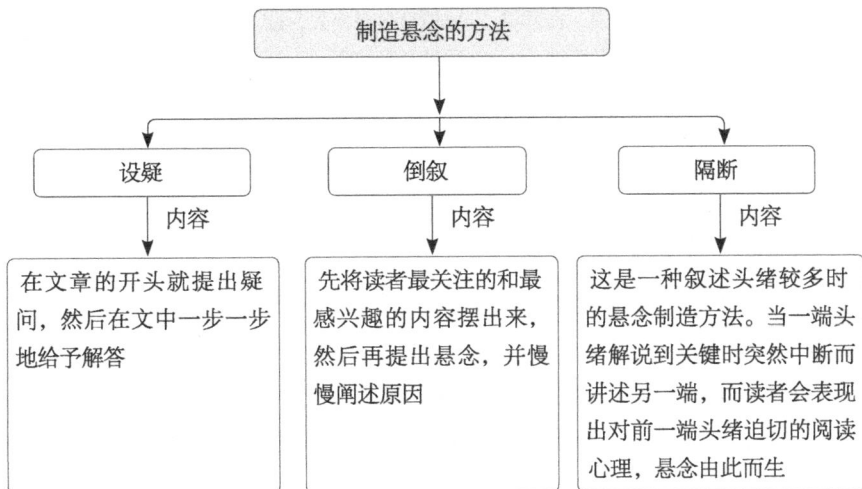

▲图 5-19 制造悬念的方法

专家提醒　　写悬疑式的文章要懂得掌握分寸，问题和答案要符合常识，不能让人一看就觉得很假，而且广告嵌入要自然，不要让人觉得反感。

（2）新闻型：新闻型正文是指，正文通过模仿新闻媒体的口吻，进行正文的编写，如公司内的大事、公益事业，都可以通过新闻式的正文形式写出来进行发布。

在互联网时代，新闻型正文的主要特点是能够进行二次传播，也就是企业的新闻软文发布后，很容易被其他的网站或平台进行转载，这就是新闻型正文的二次传播特性。

新闻型正文有很多的特点，正是由于有这些特点，才使新闻型正文一直备受欢迎，如图5-20所示。

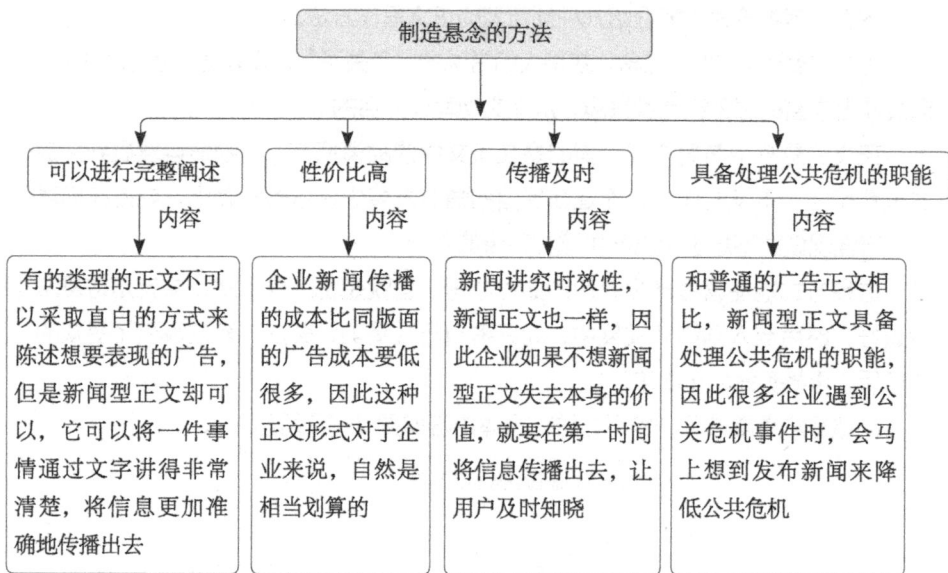

制造悬念的方法

可以进行完整阐述	性价比高	传播及时	具备处理公共危机的职能
内容	内容	内容	内容
有的类型的正文不可以采取直白的方式来陈述想要表现的广告，但是新闻型正文却可以，它可以将一件事情通过文字讲得非常清楚，将信息更加准确地传播出去	企业新闻传播的成本比同版面的广告成本要低很多，因此这种正文形式对于企业来说，自然是相当划算的	新闻讲究时效性，新闻正文也一样，因此企业如果不想新闻型正文失去本身的价值，就要在第一时间将信息传播出去，让用户及时知晓	和普通的广告正文相比，新闻型正文具备处理公共危机的职能，因此很多企业遇到公关危机事件时，会马上想到发布新闻来降低公共危机

▲图5-20　新闻型正文的特点

（3）知识型：专业性比较强的产品，如电器、家居等类目商品，就可以运用知识传递型的正文内容来吸引受众。

这类文章往往专业性比较强，因此这类文章对于特定人群来说，内容的可读性和接受度都是比较高的。

（4）实战分享型：实战分享，是比较受欢迎的一种类型，主要方法就是让公众平台的文章编辑者以消费者的口吻写作，站在消费者的立场，自然地将经验引入，从而让读者逐渐接受，得到读者的认同。

5.3.3 正文结尾的写作技巧

一篇优秀的微信公众平台文章，不仅需要一个好的标题、开头及中间内容，同样也需要一个符合读者需求、口味的结尾。那么，一篇优秀的软文的结尾应该如何写呢？下面，笔者将为大家介绍微信公众平台的正文的结尾的几种实用的写作方法。

1. 抒情法

使用抒情法作为文章的收尾，通常较多用于写人、记事、描述的微信公众平台文章的结尾中。

微信公众平台文章的编辑者用抒情法进行文章收尾时，一定要将自己心中的真实情感释放出来，这样才能激起读者情感的波澜，引起读者的共鸣。

2. 祝福法

祝福法是很多微信公众平台的文章编辑者在文章结尾时会使用的一种方法。这种祝福形式能够给读者传递一份温暖，让读者阅读文章后，感受到公众号的关心与爱护，这也是一种能够打动读者内心的文章结尾方法。

如图 5-21 所示，是微信公众号"清醒剂"推送的一篇结尾使用了祝福法的文章的案例。

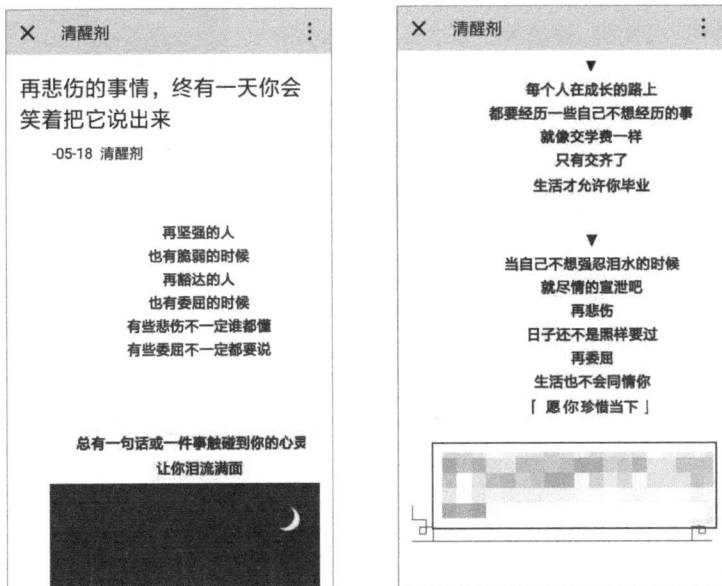

▲图 5-21 公众号"清醒剂"推送的以祝福法结尾的文章的案例

3. 首尾呼应法

首尾呼应法，就是常说的在文章的结尾点题。微信公众号的文章编辑者编写文章时如果要使用这种方法结尾，就必须要做到收尾呼应，文章开头提过的内容、观点，在正文结尾再提一次。

一般来说，微信公众平台的文章很多都是采用"总—分—总"的写作方式。收尾呼应的结尾法能够凭借其严谨的文章结构、鲜明的主体思想给读者留下深刻的印象，使读者对文章中提到的内容进行思考。

如果微信公众平台运营者想要读者对自己传递的信息留下深刻印象，那么首尾呼应法是一种非常实用的方法。

4. 号召法

微信公众平台运营者如果想让读者加入某项活动中，就可以使用号召法对文章进行结尾，很多公益性的微信公众号推送的文章中经常会使用这种方法进行结尾。号召法结尾的文章能够在读者阅读完文章内容后，使读者对文章的内容产生共鸣，从而使读者产生强烈的加入文章中发起的活动的意愿。

如图5-22所示，是微信公众平台"雨露微刊"推送的一篇号召人们不让他人难堪的文章的案例，在文章的结尾处，号召力十分明显。

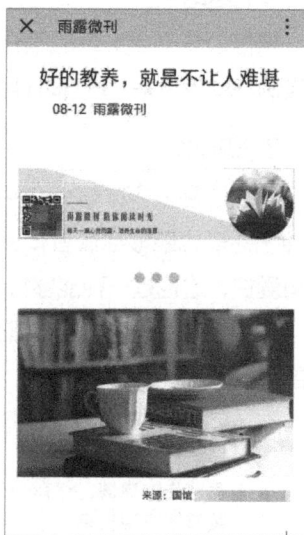

▲图5-22 公众号"雨露微刊"推送的
以号召法结尾的文章的案例

5.4 平台正文推送前的注意事项

完成微信推送的内容编辑后，微信运营者就要发布内容了，群发微信信息时需要注意哪些事项呢？主要有两点，如图5-23所示。

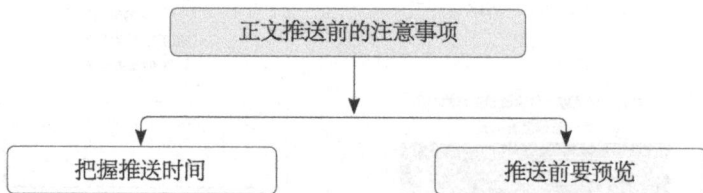

▲图5-23 正文推送前的注意事项

下面，笔者将为大家具体介绍这两点事项。

5.4.1 把握推送时间

编辑微信公众号的内容后，商家面临的下一个难题就是把握微信公众号信息发送的时间。何时发送微信公众号文章比较合适？哪个时间点的阅读率较高？

众所周知，用户收取订阅号信息有这样一个规则，就是在后面发送信息的微信公众平台的内容会在先发的内容的前面，也就是说在订阅号中的显示顺序和信息发送时间是成反序的，即谁最后更新内容，谁就排在最前面。因此，选择合适的发送时间对于微信公众号运营者来说，是一件非常重要的事情。

那么推送的具体时间怎么定呢？笔者总结出了几个最适合微信公众号运营者推送信息的时间段，如图5-24所示。

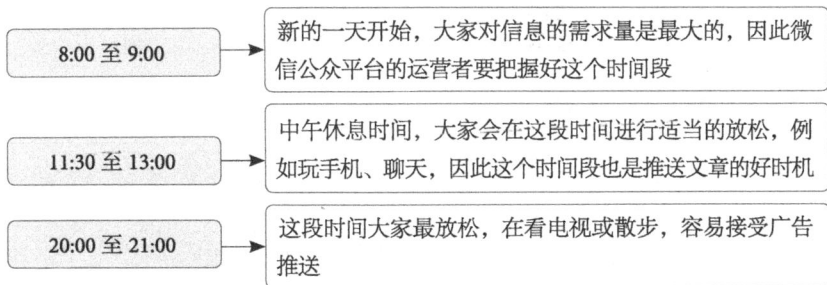

8:00 至 9:00	新的一天开始，大家对信息的需求量是最大的，因此微信公众平台的运营者要把握好这个时间段
11:30 至 13:00	中午休息时间，大家会在这段时间进行适当的放松，例如玩手机、聊天，因此这个时间段也是推送文章的好时机
20:00 至 21:00	这段时间大家最放松，在看电视或散步，容易接受广告推送

▲图5-24 最适合微信公众号运营者推送信息的时间段

5.4.2 推送前要预览

平台运营者如果是在微信公众平台进行内容编辑，那么可以用预览功能预览要发送的内容。在"新建图文消息"页面的下方单击"预览"按钮，如图5-25所示。

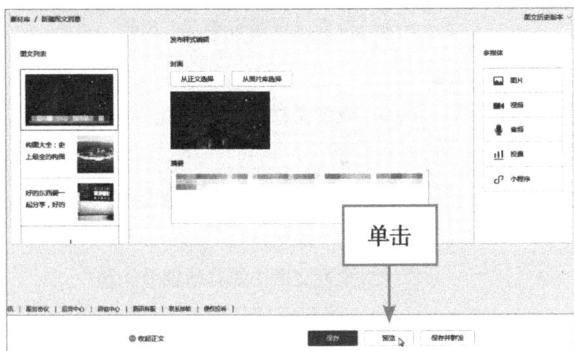

单击

▲图5-25 单击"预览"按钮

单击"预览"按钮后，就会弹出预览页面，如图5-26所示。从图5-26中可以看出，在预览页面中，预览界面的左边有 4 大预览项，这 4 大预览项如下。

◆ 图文消息

◆ 消息正文

◆ 分享到朋友圈

◆ 发送给朋友

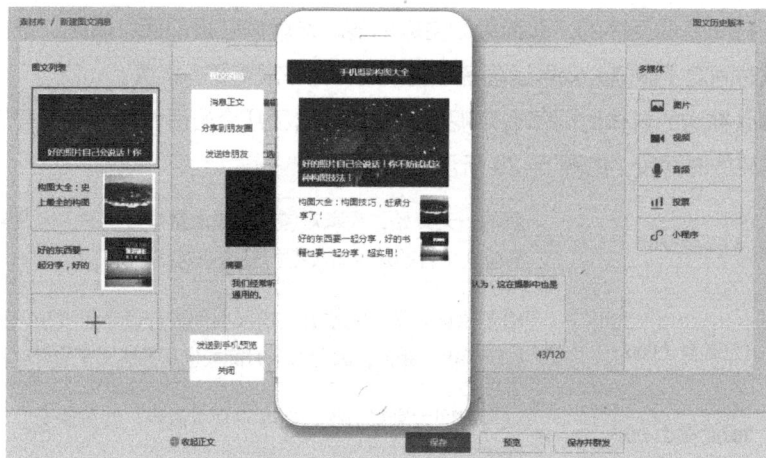

▲图 5-26 预览页面

微信公众号运营者无论运用什么软件对文章内容进行编辑，都必须对文章进行预览。预览能够起到如图 5-27 所示的作用。

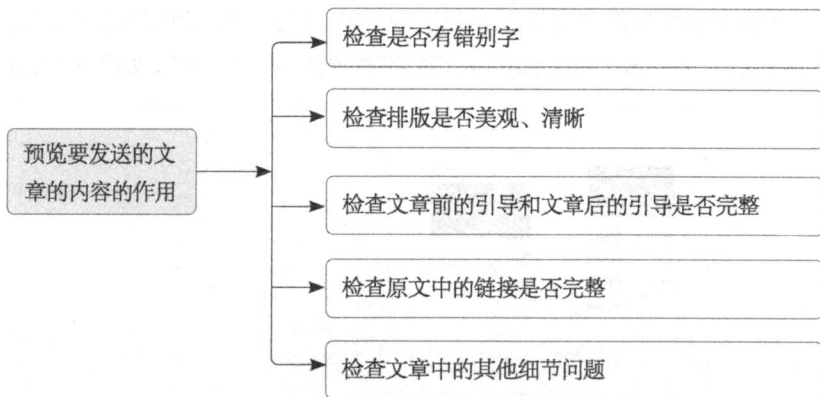

▲图 5-27 预览要发送的文章内容的作用

第6章

精美版式:
好的视觉效果带来好的互动

学前提示 >>>　　　微信公众号文章的排版,会影响公众号的整体视觉体验。只有将排版做好,才能给读者最佳的阅读体验。本章,笔者将对微信自带的编辑功能和秀米编辑器进行讲解为大家介绍排版的实际操作,让大家能够掌握排版的技巧。

要点展示 >>>
◆ 微信后台直接编辑、排版和推送。
◆ 使用秀米编辑器的排版技巧。
◆ 掌握技巧,提升用户阅读体验。

6.1 微信后台直接编辑、排版和推送

新媒体运营者在运营微信公众平台的过程中，需要编写文章和排版。运营者可以选择在微信后台进行文章的编辑与排版，因此需要掌握基本的微信后台编辑、排版的操作流程。

下面，笔者将对微信后台文章的编辑和排版进行实际操作演练，帮助大家了解整个操作过程。

6.1.1 创建图文消息

运营者要编辑一篇文章，首先应该创建图文消息。运营者可按照自己的喜好进行图文创建，创建的图文可以是单图文，也可以是多图文。

首先，运营者需要在计算机上登录自己的微信公众平台账号，进入平台的后台，然后在后台的"管理"功能栏中单击"素材管理"按钮，如图6-1所示。

▲图6-1 单击"素材管理"按钮

执行此操作后，即可进入"素材管理"页面，运营者可以在该页面看见"图文消息""图片""语音""视频"4个选项，以及已有的图文消息。

运营者要创建图文消息，就需要单击"图文消息"选项页面中最右边的"新建图文素材"按钮，如图6-2所示。

▲图6-2　单击"新建图文素材"按钮

执行此操作后，即可进入"素材库/新建图文消息"页面，如图6-3所示。

▲图6-3　"素材库/新建图文消息"页面

　　然后，运营者就可以在该页面编辑文章了。运营者要在标题处写上文章的标题，在作者处写上作者名。

　　在微信后台的新建图文消息页面中，文章标题及作者名字这两栏，格式是固定的，运营者不能随意调整字体的大小、颜色。写好这些后，就可以开始编辑文章的正文了，运营者可以根据自己的喜好对正文的格式进行调整。笔者在这里就写一部分内容来举例，如图 6-4 所示。

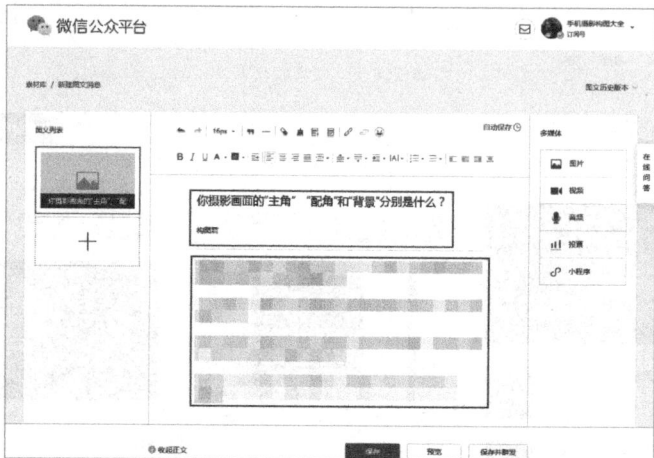

▲图 6-4 运营者编辑文章标题、作者名、正文的示例

6.1.2 在文章中插入图片素材

运营者编辑图文消息时，可以选择编辑纯文字的内容，也可以选择在文章中插入图片内容。

运营者编辑正文时如果想在文章中插入图片，那么就需要单击"素材库／新建图文消息"页面最右边的"多媒体"栏目下的"图片"按钮，如图 6-5 所示。

▲图 6-5 单击"图片"按钮

执行此操作后，会弹出"选择图片"页面，如图 6-6 所示。

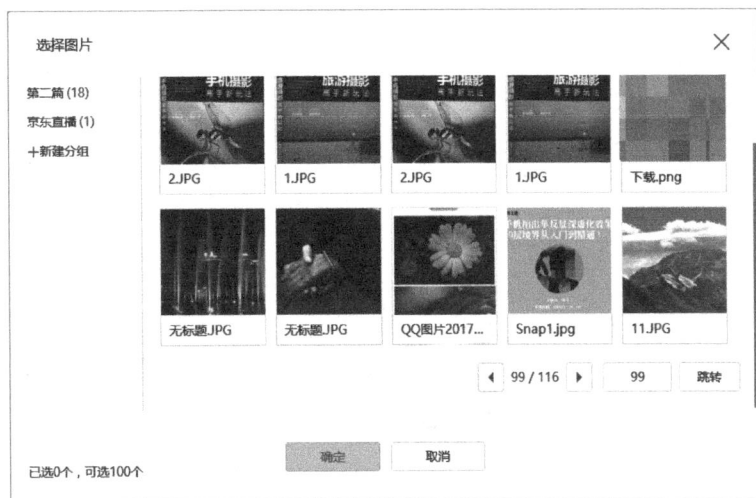

▲图6-6 "选择图片"页面

如果运营者的素材库中有收藏过的图片，那么运营者就可以看见素材库中全部的图片。运营者选择图片时，可以选择在素材库中挑选，也可以选择本地上传。两种方法都是可行的，运营者可以根据自己的实际情况操作。

在这里，笔者选择从素材库中挑选图片。挑选好想要的图片后，选中该图片，然后单击页面下方的"确定"按钮，如图6-7所示。

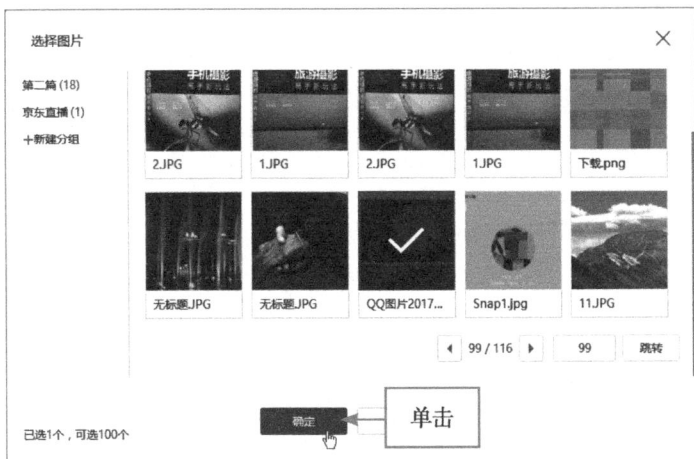

▲图6-7 单击"确定"按钮

执行此操作后，即可返回"素材库/新建图文消息"页面，运营者可以在该页面看见刚才选中的图片。单击页面下方的"保存"按钮，即成功地将图片素材插入文章中，其效果如图 6-8 所示。

▲图 6-8 文章中插入图片素材后的效果

> 运营者可以选择在文章中插入单张图片，也可以选择插入多张图片；可以选择连续插入多张图片，也可以选择分开插入多张图片。

6.1.3 在文章中插入视频素材

运营者除了可以在文章中插入图片素材，还可选择插入视频素材，这样能够使文章更生动。

同样，运营者需要在微信公众号后台的"素材库／新建图文消息"页面，单击该页面"多媒体"栏目下的"视频"按钮，如图 6-9 所示。

▲图 6-9 单击"视频"按钮

执行此操作后，会弹出"选择视频"页面，运营者可以在该页面看见"素材库""视频链接"两个选项。如果运营者的素材库中已有要上传的视频素材,那么就可以选中该视频素材插到文章中;如果没有视频素材,则可以单击"新建视频"按钮,如图 6-10 所示。

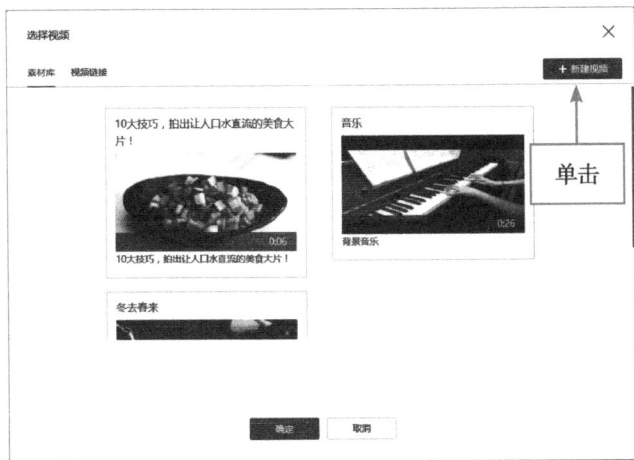

▲图6-10 "单击"新建视频"按钮

执行此操作后,就会进入"添加视频"页面。运营者上传视频时,要先看清楚该页面中对视频格式、大小的要求,然后单击"上传视频"按钮,如图 6-11 所示。

▲图6-11 单击"上传视频"按钮

执行此操作后,就会弹出相对应的"打开"页面,然后运营者找到自己存放视频的文件夹,选中要上传的视频,再单击"打开"按钮,如图 6-12 所示。

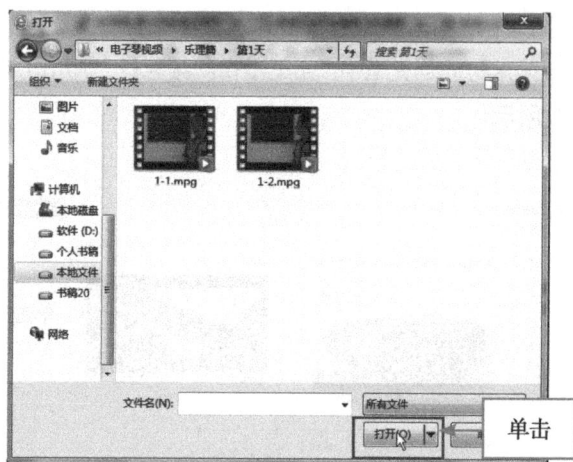

▲图 6-12 单击"打开"按钮

执行此操作后,即可返回"添加视频"页面。等视频上传完成后,运营者把下方需要填写的信息填好,选中"我已阅读并同意《腾讯视频上传服务规则》",然后单击"保存"按钮,如图 6-13 所示。

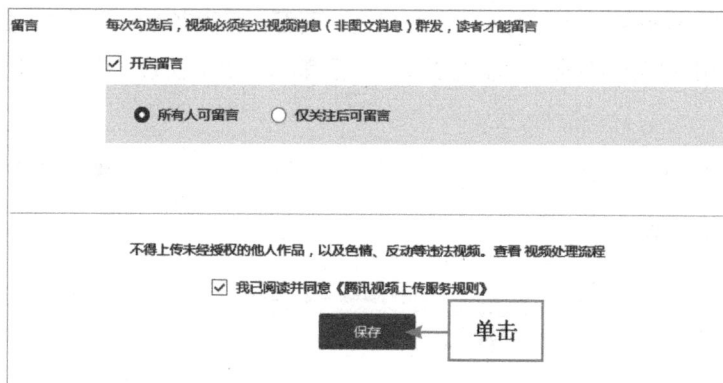

▲图 6-13 单击"保存"按钮

6.1.4 在文章中插入声音素材

运营者如果还想发表一篇有声音的文章,那么可以在文章中插入以下两种素材。

◆ 音乐素材

◆ 音频素材

插入音乐、音频素材的方式有一些区别,笔者将继续以前一个编写的文章案例为例，向大家分别讲解怎样插入音乐、音频素材。

1. 插入音乐素材

运营者如果要在图文中插入音乐素材，同样需要进入微信公众号后台，然后在后台的"素材库/新建图文消息"页面，单击该页面"多媒体"栏目下的"音频"按钮，如图 6-14 所示。

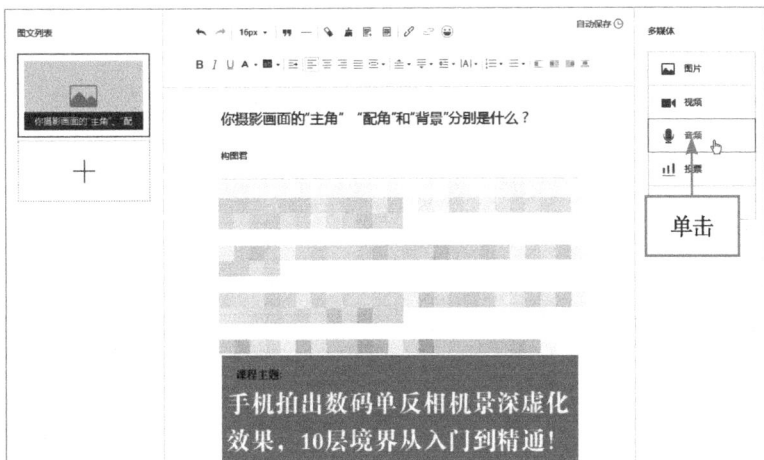

▲图 6-14 单击"音频"按钮

执行此操作后，会弹出"选择音频"页面，如图 6-15 所示。

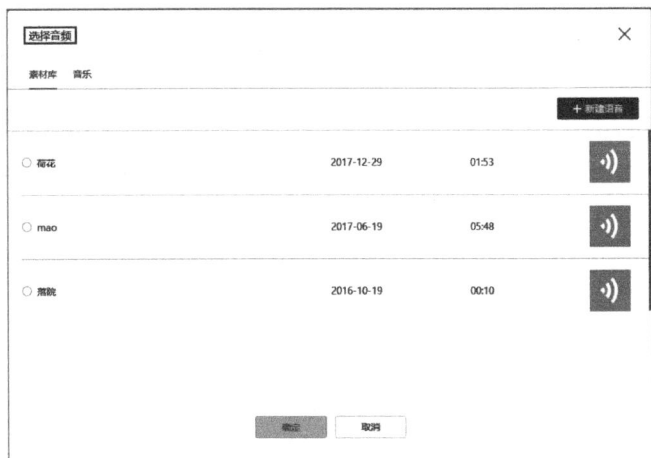

▲图 6-15 "选择音频"页面

运营者只要在该页面的"搜索"栏中输入歌名或作者名称，就可以找到要添加到图文中的音乐。笔者在这里以在搜索栏中输入"致爱丽丝"为例，输入曲名后，单击搜索栏后面对应的"搜索"按钮，如图6-16所示。

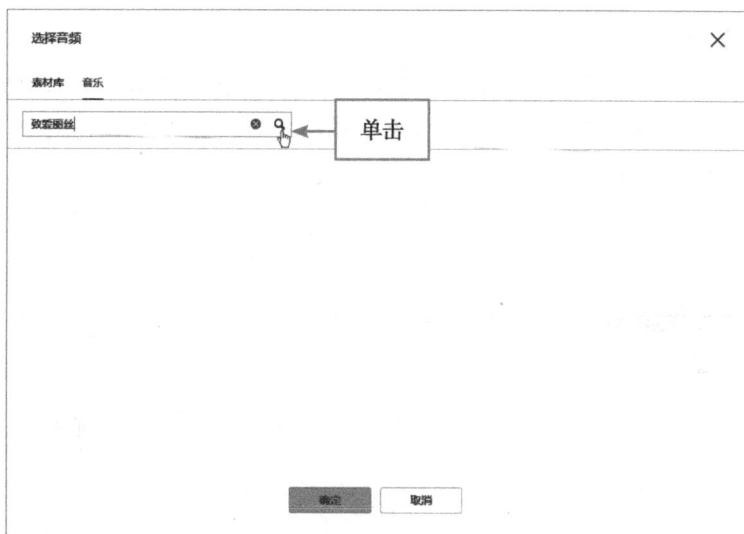

▲图6-16 单击"搜索"按钮

　　执行此操作后，页面上就会出现与曲名相关的乐曲，运营者可以选中一首最符合自己要求的乐曲，然后单击页面下方的"确定"按钮，如图6-17所示。

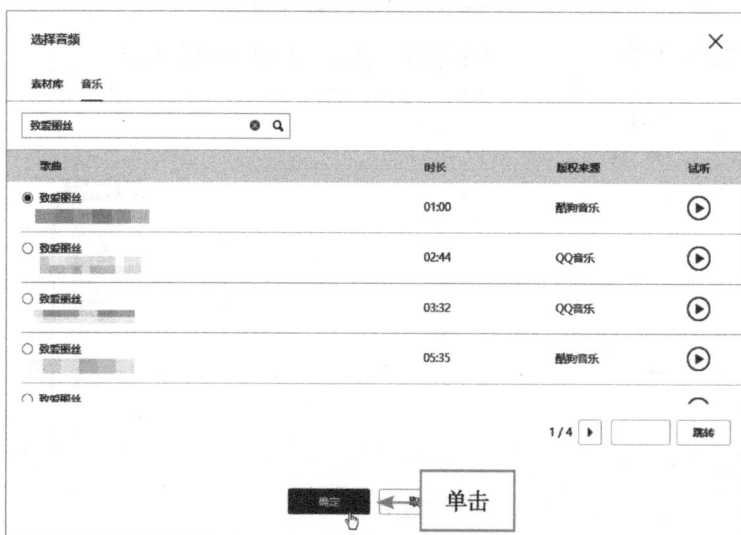

▲图6-17 单击"确定"按钮

　　执行此操作后，即可返回"素材库／新建图文消息"页面，在该页面编辑的图文中，运营者就可以看见刚才插入的音乐素材，然后单击页面下方的"保存"

按钮，即可成功地在图文中插入音乐素材，其效果如图 6-18 所示。

▲图 6-18 图文中插入音乐素材后的效果

2. 插入音频素材

介绍完在图文中插入音乐素材的操作后，下面笔者向大家介绍怎样在图文中插入音频素材。

同样，运营者需要进入微信公众号的后台，然后在后台的"素材库 / 新建图文消息"页面单击该页面"多媒体"栏目下的"音频"按钮，如图 6-19 所示。

▲图 6-19 单击"音频"按钮

执行此操作后，会弹出"选择音频"页面。如果运营者的素材库中已有要上传的语音，那么就可以将该语音插入图文中；如果没有需要的语音，则可以单击"新建语音"按钮，如图6-20所示。

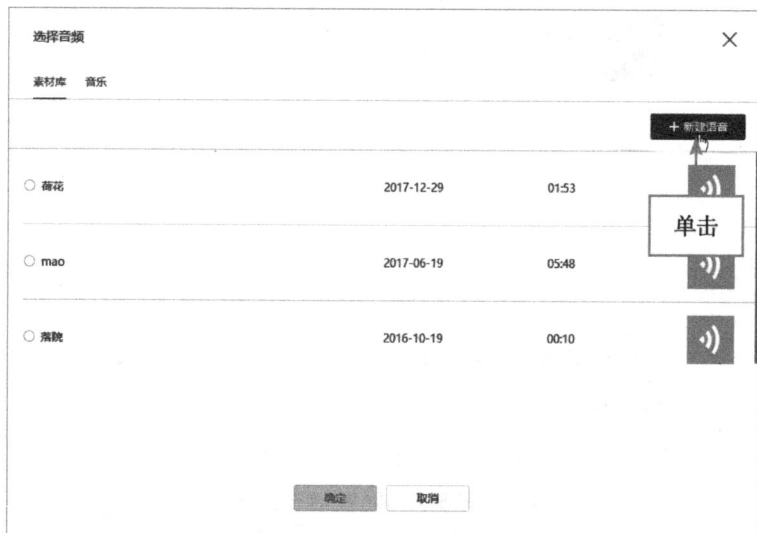

▲图6-20 单击"新建语音"按钮

执行此操作后，即可进入"素材管理"页面中的"语音／新建语音"页面。运营者需要在该页面输入语音标题、选择语音分类，然后单击该页面的"上传"按钮，如图6-21所示。

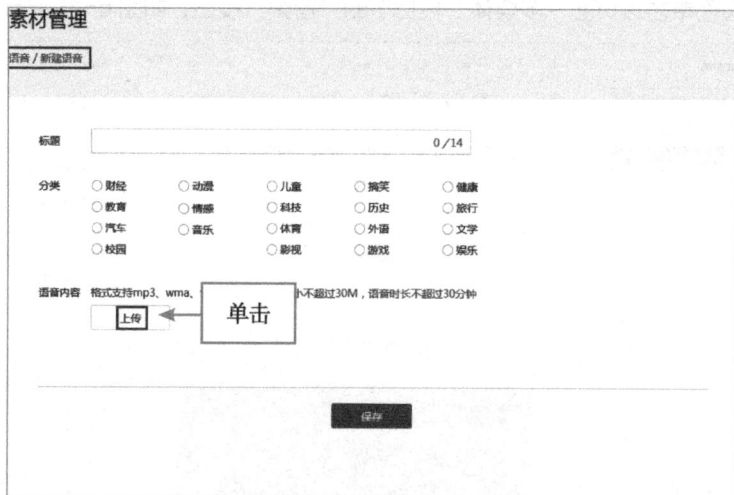

▲图6-21 单击"上传"按钮

执行此操作后，就会弹出相应的"打开"页面，运营者找到自己存放语音的文件夹，选中要上传的语音，然后单击"打开"按钮，如图6-22所示。

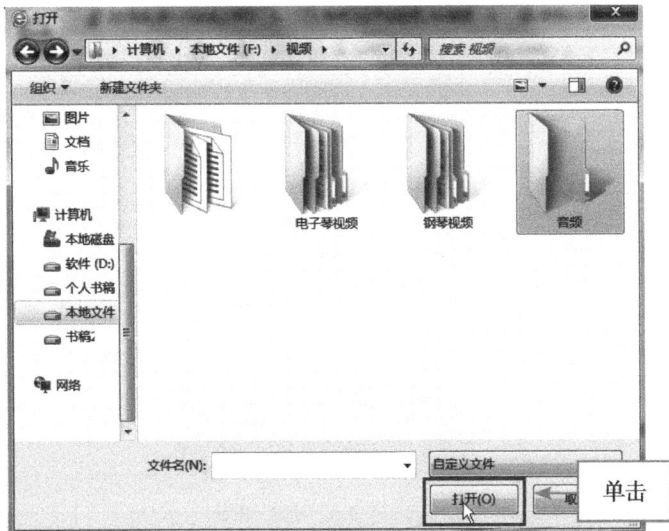

▲图6-22 单击"打开"按钮

执行此操作后，即可返回到"素材管理"页面中的"语音／新建语音"页面。音频上传成功后，运营者就能在该页面上看见该音频，然后单击"保存"按钮，如图6-23所示。

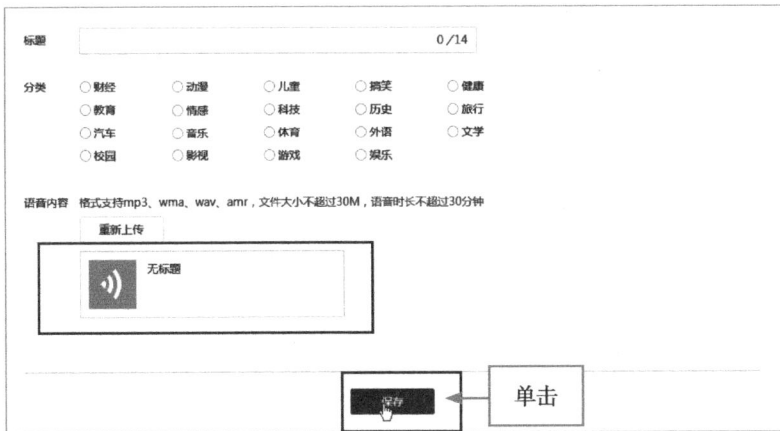

▲图6-23 单击"保存"按钮

6.1.5 在文章中发起投票活动

运营者如果想要增强与读者的互动性，那么就可以选择在图文中发起投票活

117

动。下面，笔者将向大家介绍在图文中发起投票活动的具体操作。

运营者需要进入微信公众号后台，然后在后台的"素材库／新建图文消息"页面，单击该页面"多媒体"栏目下的"投票"按钮，如图 6-24 所示。

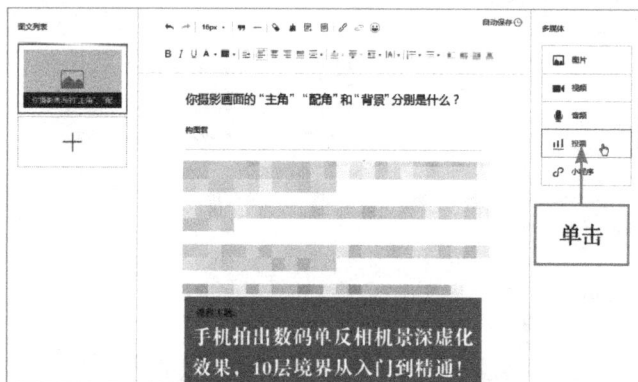

▲图6-24 单击"投票"按钮

执行此操作后，会弹出"发起投票"页面，单击其中的"新建投票"按钮进入设置页面，运营者需要在该页面设置投票名称、截止时间、问题等相关的内容。设置成功后，单击页面下方的"保存并发布"按钮，如图 6-25 所示。

▲图6-25 单击"保存并发布"按钮

6.1.6 在文章中插入原文链接

运营者如果从其他平台上转载了一篇文章到自己的微信公众平台上，并且想要告诉读者这篇文章的出处，那么在推送这篇文章前，就可以选择在图文中添加原文链接。运营者要添加原文链接，就需要进入微信公众号后台，进入后台的"素材库/新建图文消息"页面，勾选"原文链接"复选框，如图6-26所示。

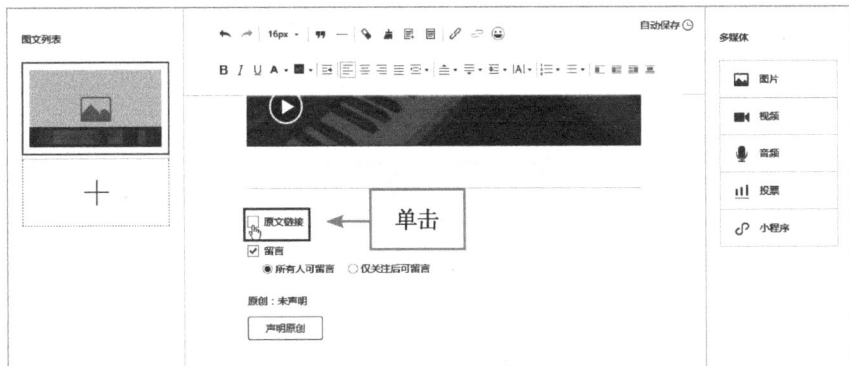

▲图6-26 勾选"原文链接"复选框

执行此操作后，"原文链接"下方会出现相应的输入框，运营者在该输入框中输入该篇文章出处的网址，如图6-27所示。

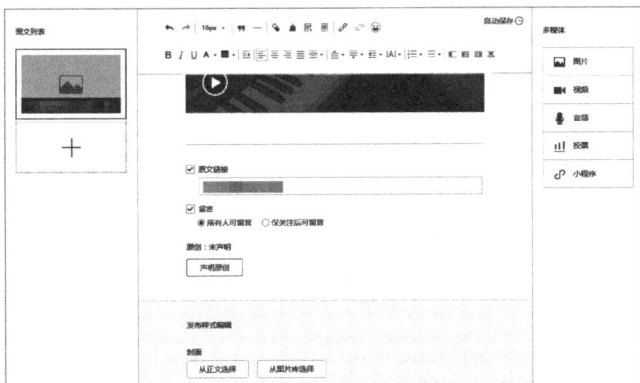

▲图6-27 勾选"原文链接"复选框后出现相应的网址输入框

运营者输入网址后，即可单击该页面中的"保存"按钮；文章推送后，可以在该篇文章的末尾看见一个"阅读原文"的字样，读者只要单击"阅读原文"字样，即可跳转到所输入的网址页面。

6.1.7 开启留言功能

运营者如果想要与读者进行互动，那么可以在文章的末尾开启留言功能，让读者可以留言，从而实现与读者的互动。下面，笔者将向大家介绍怎样在微信公众平台开启文章的留言功能。

运营者要想开启留言功能，就需要进入微信公众号后台，进入后台的"素材库 / 新建图文消息"页面，在该页面下方有一个"留言"复选框，运营者需要勾选"留言"复选框，如图 6-28 所示。

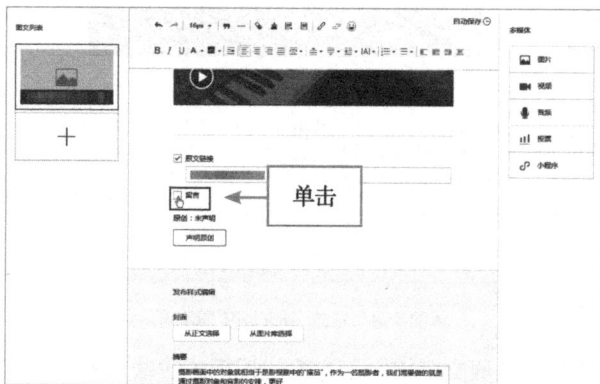

▲图 6-28 勾选"留言"复选框

执行此操作后，会出现"所有人可留言"和"仅关注后可留言"两个选项，运营者可以根据自己的需要选择这两个选项中的一个。笔者在这里选择了"所有人可留言"选项，然后单击页面下方的"保存"按钮，如图 6-29 所示。

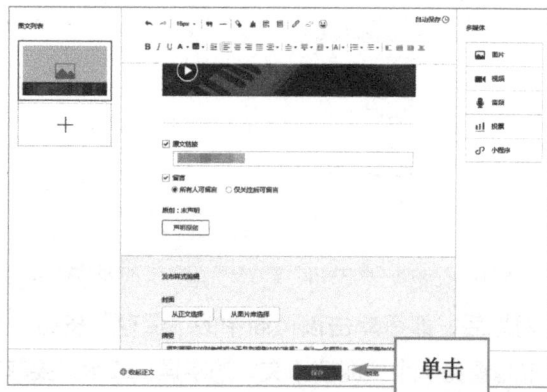

▲图 6-29 单击"保存"按钮

6.1.8 开启原创声明

如果运营者要推送的一篇文章是自己原创的，那就可以声明是原创。下面，笔者将向大家介绍开启一篇文章的原创声明的具体操作。

运营者要开启一篇文章的原创声明，就需要进入微信公众号后台，进入后台的"素材库/新建图文消息"页面。在该页面下方有一个"声明原创"按钮，运营者需要单击"声明原创"按钮，如图6-30所示。

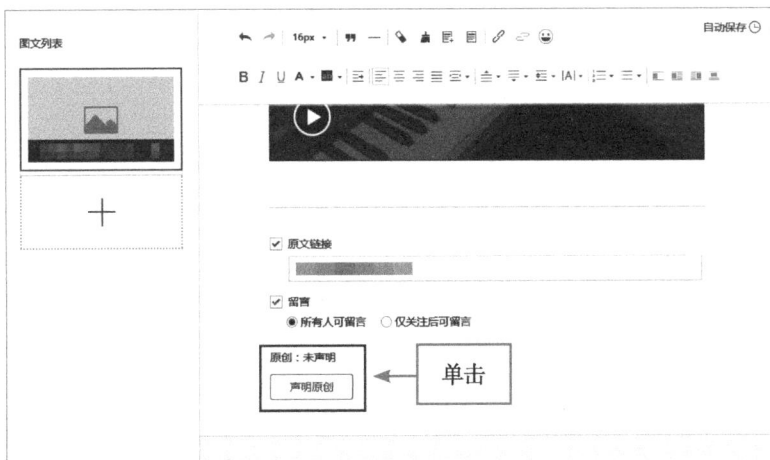

▲图6-30 单击"声明原创"按扭

执行此操作后，会弹出"声明原创/须知"页面，运营者需要单击该页面的"下一步"按钮，如图6-31所示。

▲图6-31 单击"下一步"按扭

执行此操作后，会进入"声明原创／原创声明信息"页面。运营者填写好页面上的相关信息，然后单击"确定"按钮，如图6-32所示。

▲图6-32 单击"确定"按钮

执行此操作后，即可返回到"素材库／新建图文消息"页面，运营者可以在该页面的"原创"选项处看见原创的相关信息，如图6-33所示。

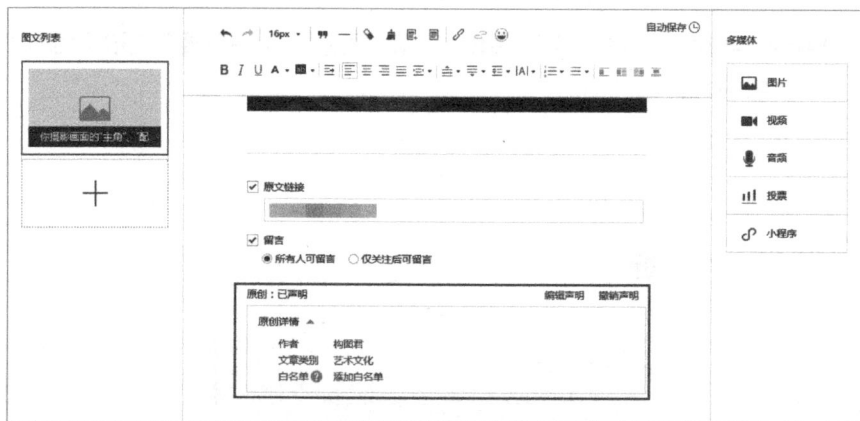

▲图6-33 原创的相关信息

6.1.9 设置文章封面图片

运营者在推送一篇图文消息前，还需要设置该篇图文消息的封面。下面，笔者将向大家介绍设置图文消息封面的相关操作。

　　运营者要设置图文封面图片，就需要进入微信公众号后台，进入后台的"素材库 / 新建图文消息"页面。在该页面下方有一个"封面"选项，该选项下有"从正文选择"和"从图库选择"两个按钮。运营者需要单击这两个按钮中的一个，进行图文封面的设置。在这里笔者选择"从正文选择"选项，单击"从正文选择"按钮，如图 6-34 所示。

▲图 6-34　单击"从正文选择"按钮

　　执行此操作后，即可进入"选择封面"页面，然后运营者可以根据自己的需要选择该页面上的一张图片，选中后单击页面的"下一步"按钮，如图 6-35 所示。

▲图 6-35　单击"下一步"按钮

　　执行此操作后，会返回到"素材库 / 新建图文消息"页面，在该页面上就可以看见设置好的图文封面，然后单击页面下的"保存"按钮，其效果如图6-36所示。

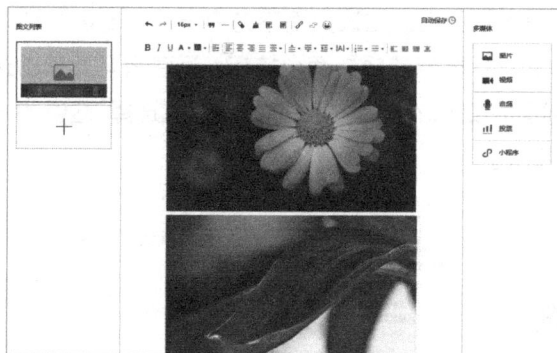

▲图 6-36 设置图文封面后的效果

6.2 使用秀米编辑器的排版技巧

笔者已经向大家介绍了怎样在微信后台直接编辑、排版和推送图文消息。下面，笔者将向大家介绍怎样借助第三方专业排版软件——秀米编辑器，编辑出更多有特色、更吸引人的图文消息。

6.2.1 使用 QQ 账号登录秀米账户

首先，运营者需要在计算机的浏览器中输入"秀米"或进入秀米的官网，然后单击官网页面右上角的"登录"按钮，如图 6-37 所示。

▲图 6-37 单击"登录"按钮

　　执行此操作后，即可进入"请选择登录方式"页面，运营者可以在该页面上
看见新浪微博和腾讯 QQ 的图标。如果单击腾讯 QQ 的图标，如图 6-38 所示，
这就是选择了使用 QQ 账号登录秀米账户。

▲图 6-38 单击腾讯 QQ 图标

　　执行此操作后，会进入"QQ 登录"页面，运营者只要打开手机 QQ 的
"扫一扫"功能，扫描网页上的二维码，即可授权登录秀米，如图 6-39 所示。

▲图 6-39 打开手机 QQ 扫描二维码，授权登录秀米

执行此操作后，即可成功使用 QQ 账号登录秀米账户。登录成功后，右上角就会出现运营者的 QQ 头像和昵称。

6.2.2 在秀米中绑定微信公众号，开启图文同步

运营者可以在秀米中绑定微信公众号，这样就可以将编辑完的图文消息同步到微信公众平台上，从而能够节省一定的推送图文消息的时间。下面，笔者向大家介绍这个过程的详细步骤。

首先，运营者进入"我的图文"页面，然后单击该页面上的"同步多图文到公众号"按钮，如图 6-40 所示。

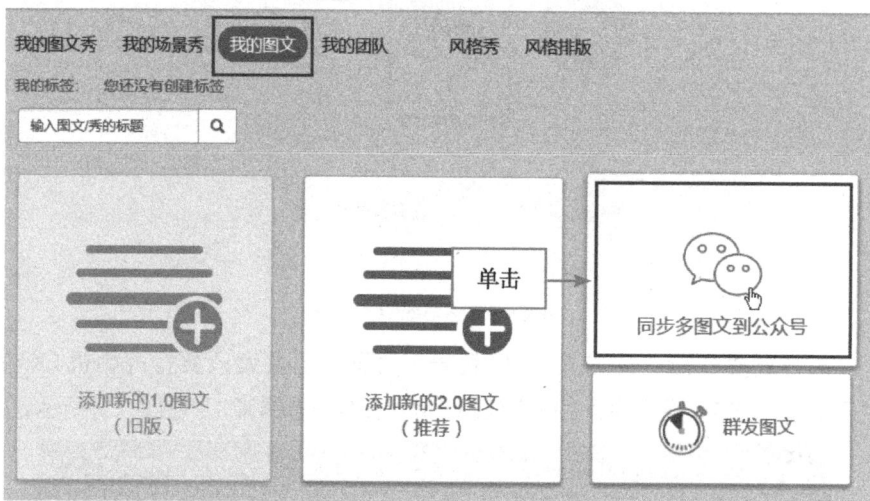

▲图 6-40 单击"同步多图文到公众号"按钮

执行此操作后，会进入"授权公众号"页面，运营者需要单击该页面的"授权公众号"按钮，如图 6-41 所示。

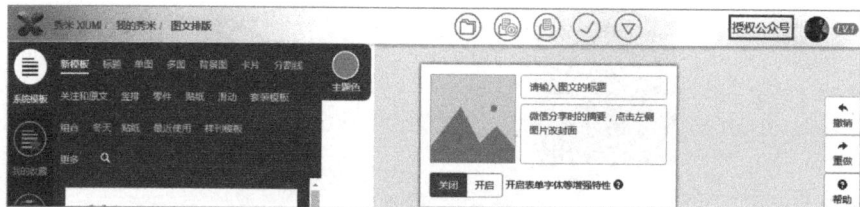

▲图 6-41 单击"授权公众号"按钮

执行此操作后，会弹出"微信公众号登录"页面，运营者需要单击该页面的"微信公众号授权登录"按钮，如图 6-42 所示。

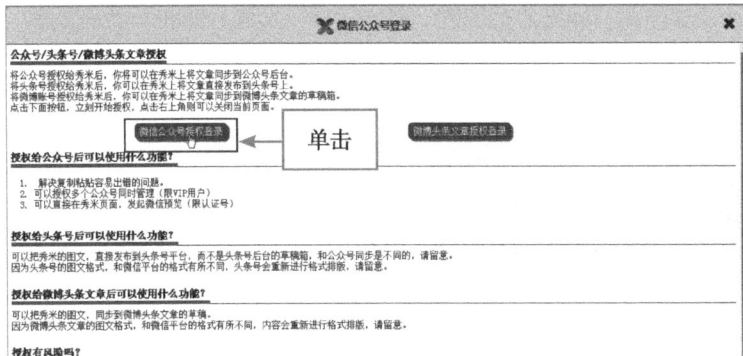

▲图6-42 单击"微信公众号授权登录"按钮

执行此操作后，即可进入"微信公众号授权"页面，如图6-43所示。运营者需要用公众号绑定的个人微信号扫描该页面上的二维码，然后在手机的"授权确认"界面上单击"授权"按钮，即可完成在秀米中绑定微信公众号的操作。

6.2.3 在秀米中制作图文消息

微信公众平台后台的文章编辑功能有限，运营者如果想使自己的图文消息更具特色，可以在秀米中制作图文消息。下面，笔者将向大家介绍在秀米中制作图文消息的具体操作步骤。

首先，运营者在已经登录秀米账户的情况下进入"我的图文"页面，单击该页面上的"添加新的2.0图文"按钮，如图6-44所示。

▲图6-43 "微信公众号授权"页面

▲图6-44 单击"添加新的2.0图文"按钮

执行该操作后，即进入相应的"系统模板"页面；单击"我的图库"按钮，如图 6-45 所示，然后进入相应的编辑页面。

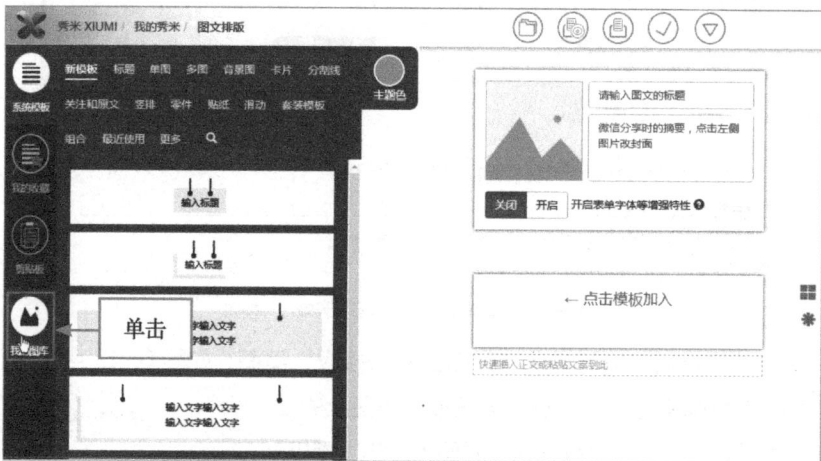

▲图 6-45 单击"我的图库"按钮

执行此操作后，运营者需要在图库中选择一张图片作为推送消息的配图，如图 6-46 所示。

同时，输入图文的标题和描述，然后单击"系统模板"按钮进入"系统模板"页面，在该页面单击"输入标题"按钮，如图 6-47 所示。

▲图 6-46 选择配图

▲图6-47　单击"输入标题"按钮

执行该操作后，在相应的编辑部位输入标题，如图6-48所示；然后单击"图片"按钮，进入"图片"编辑界面，进行图片和文字的编辑，如图6-49所示。

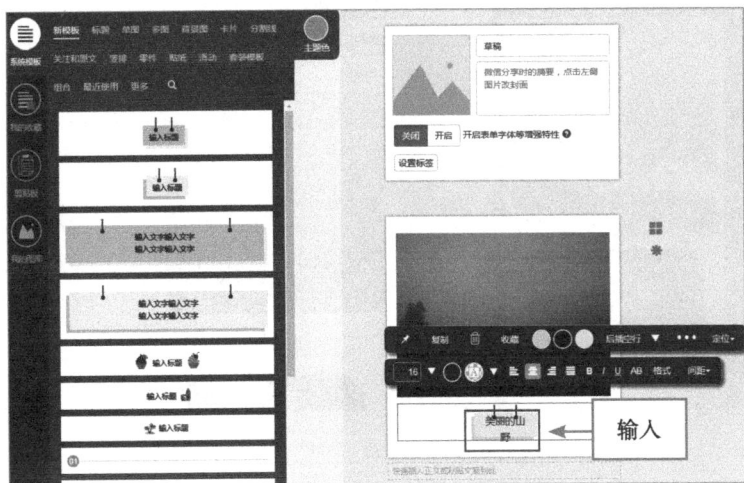

▲图6-48　输入标题

将所有的内容都编辑好后，单击最上方的"预览"按钮，如图6-50所示，可以对编辑的内容进行预览，如图6-51所示。

▲图 6-49 添加图片

▲图 6-51 预览效果

▲图 6-50 单击"预览"按钮

6.2.4 将图文消息生成长图

相信大家都在微信公众平台上看到过长图形式的文章，长图中包括文字、图片等内容。在公众号上偶尔推送长图文，能够给读者一种不一样的体验，因此这是运营者应该掌握的一种技巧。

在秀米编辑器中，为运营者提供了将图文消息自动生成为长图的功能。下面，笔者向大家介绍怎样将图文消息生成为长图文。

运营者打开要生成为长图的图文消息，然后单击"更多操作"按钮，再在出现的选项中单击"生成长图（标清）"按钮，即可将选中的图文消息生成为长图文，如图 6-52 所示。

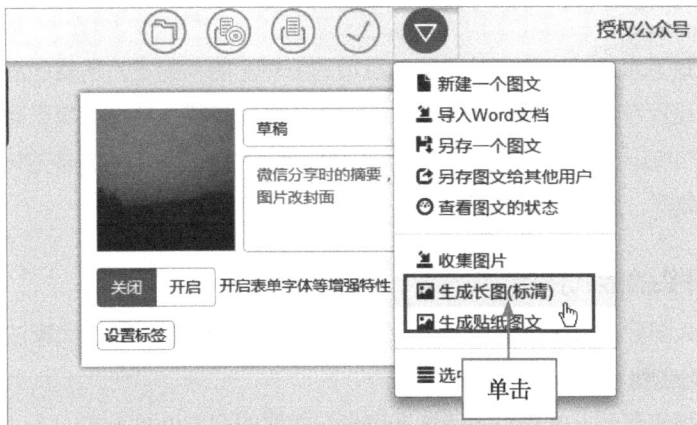

▲图 6-52 单击"生成长图（标清）"按钮

6.2.5 制作 H5 动画页面

在秀米编辑器中，运营者除了可以编辑图文消息，还可以制作 H5 动画页面。下面，笔者将向大家介绍怎样在秀米中制作动画 H5 动画页面。

首先，运营者需要登录秀米账号，然后在首页中单击"秀制作"按钮，即可进入"我的场景秀"页面；单击该页面上的"添加新的场景秀（推荐使用）"按钮，即可进入"页面模板"页面，如图 6-53 所示。

▲图 6-53 "页面模板"页面

与制作图文消息一样，运营者可以从秀米提供的模板中选择自己喜欢的插到编辑页面中，但不同的是，运营者可以在 H5 页面中添加音乐，还可以选择设置页面自动翻页及翻页的间隔时间。

6.3 掌握技巧，提升用户阅读体验

在清楚了怎样借助微信公众平台自带的编辑功能和第三方编辑器进行版式的操作后，运营者就可以根据实际操作过程中的每个步骤，总结出属于自己的图文消息排版的技巧，这样，在以后的每一次排版过程中就能够节省更多的排版时间，提高工作效率。在这里笔者总结了以下几个方面的版式技巧。

6.3.1 开头的版式技巧

相信大部分人每天都会阅读微信公众平台推送的信息，那么大家注意到文章的开头部分的排版有什么秘密吗？

每个微信平台上的文章，运营者都会在文章的开头处放上如图 6-54 所示的一段邀请读者关注公众号的话语或一张图片。为什么要把它们放在文章的开头呢？是为了让读者在点开文章时就能够关注公众平台，以实现增加平台关注量的目的。

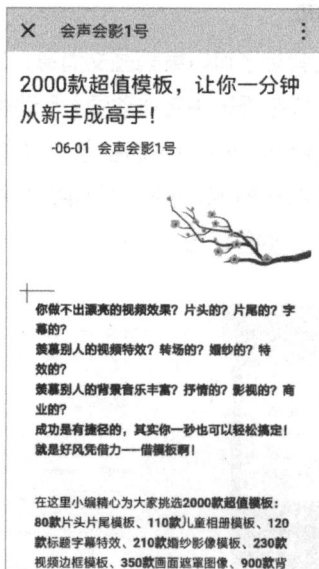

▲图 6-54 文章开头版式的公众号案例

6.3.2 结尾的版式技巧

很多的微信公众号，会在文章结尾处的排版中留一个版面，对平台上已经推送过的文章进行推荐。"手机摄影构图大全"公众号就在文章结尾处设置了"推荐阅读"，如图 6-55 所示。

由于有的公众号拥有自己的网站，所以其会在文章的最下面设置一个"阅读原文"的按钮，如图 6-56 所示。这两种做法都能给平台的运营者增加单击量。

▲图 6-55 文章结尾排版中设置"推荐阅读"的案例　　▲图 6-56 文章结尾排版中设置"阅读原文"的案例

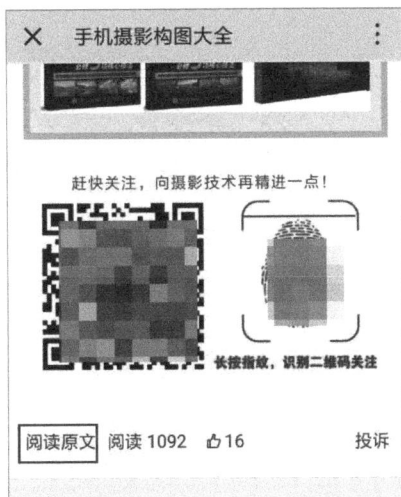

6.3.3 字体的版式技巧

给文章的内容选择合适的字体大小，也是微信公众平台运营者在排版工作中需要考虑的一个事项。

合适的字体大小能让读者阅读文章时不用让手机离自己的眼睛太近或太远，而且合适的字体大小能使版面看起来更和谐。

在这里，笔者以微信公众号后台为例，向大家介绍字体版式的技巧。在微信公众号后台群发功能中的新建图文消息的图文编辑栏，设有字体大小的选择功能，如图 6-57 所示。

从图 6-57 中可以看见，微信公众平台为微信公众平台运营者提供了 8 种不同大小的字体设置选项。下面，笔者向大家展示同一段文字在微信公众号后台设置成不同字体大小后的效果，字号大小从上到下分别为 12px、14px、15px、16px、18px、20px，如图 6-58 所示。

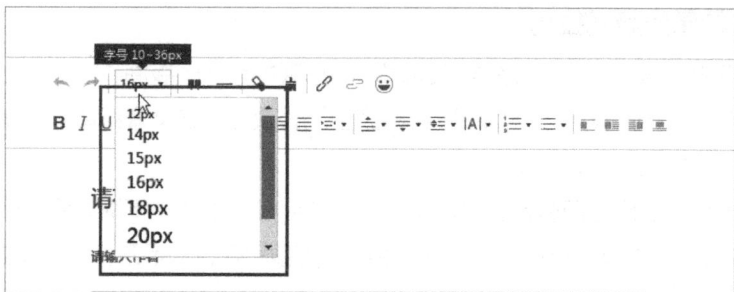

▲图 6-57 微信公众平台的字体大小设置功能

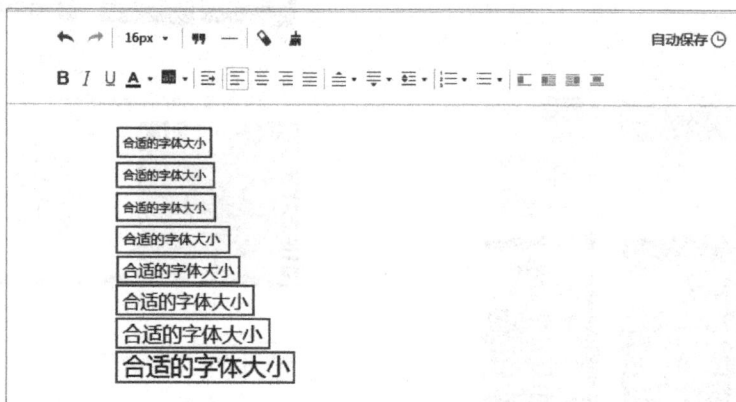

▲图 6-58 同一段文字设置不同字体大小的效果

从图 6-58 中可以看出，16px、18px、20px 这 3 种大小的字体看起来会比较舒服，因此微信公众平台运营者在设置字体大小时，可以在这 3 种中选择自己中意的字体大小。

6.3.4 配色的版式技巧

微信运营者在进行文章内容的排版时，要特别注意色彩的搭配。人的眼睛对色彩非常敏感，不同的颜色能够向人们传递不同的感觉，如人们经常说的"红色给人以热情、奔放的感觉，蓝色给人以深沉、忧郁的感觉"。

微信运营者在进行文章内容的排版时，主要会涉及的色彩搭配内容有以下两个方面。

1. 文字的色彩搭配

文字对于大部分的公众号文章而言，是一个重要的组成部分，是读者接收文章信息的重要渠道。

文章中文字的颜色是可以随意设置的，并不只是单调的一种颜色。从读者的阅读效果出发，将文章中的文字颜色设置为最佳的颜色是有必要的。文字的颜色搭配适宜，是使文章获得吸引力的一个重要因素，其具体意义如图6-59所示。

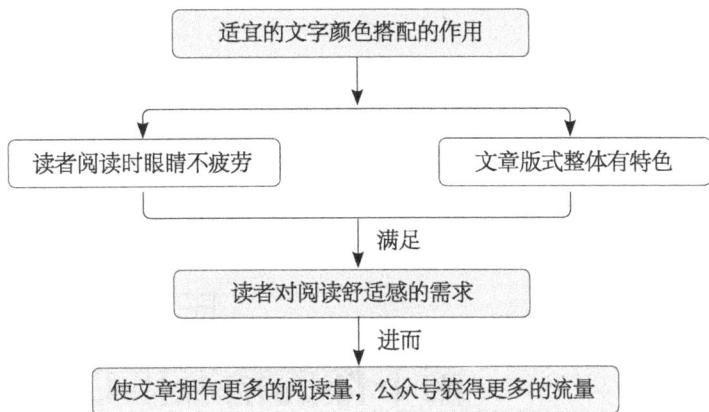

▲图6-59 适宜的文字颜色搭配的作用

微信运营者在进行字体颜色的设置时，要以简单、清新为主，尽量不要在一篇文章中使用多种颜色的字体，否则会使整篇文章给读者一种"调色盘"的感觉。

同时，文字的颜色要以清晰可见为主，不能使用亮黄色、荧光绿等让读者看久了眼睛容易产生不舒适的颜色，尽量以黑色或灰黑色为主。

2. 图片的色彩搭配

图片同样是微信公众号文章中的重要组成部分，有的微信公众号在推送的一篇文章中，就只有一张图片或全篇都是图片。要使图片的色彩搭配适宜，主要需要做到以下几点。

◆ 图片清晰

◆ 色彩饱和

◆ 符合文章的主题

第7章

用户分析：
留下你的精准核心客户

学前提示 >>>　　　用户分析在各领域广泛应用，它是对用户典型的行为习惯、属性、特点等进行分析的一种工具。微信运营者在对用户属性数据进行分析时，先勾勒出目标用户画像和需求结构，能为平台运营创造更好的条件。

要点展示 >>>
◆ 了解用户，构建用户画像。
◆ 掌握精准用户的分布情况。
◆ 新榜平台的用户分析。

7.1 了解用户，构建用户画像

粉丝经济时代，用户画像在很多的领域中都能够起到重要的作用，通过用户调研、数据分析、问卷访谈等方式，将用户的一些基本信息和行为属性综合起来，然后得出用户的精准画像，使用户这个角色更加立体化、个性化、形象化，帮助运营者针对用户的属性特点，找出最好的运营方式。

7.1.1 什么是用户画像

用户画像又叫用户角色，是团队用来分析用户行为、动机、个人喜好的一种工具，用户画像能够使团队更加聚焦用户群体，对目标用户群体有更为精准的了解和分析。

微信公众运营者如果没有一个精准的期望目标，而是用户画像模糊，如既包括男人，又包括女人；既包括孩子，又包括老人；或者既包括文艺青年，又包括热衷八卦的青年，等等，那么很难有所作为。

用户画像除了要包括常见的要素，还有很多细化的内容，举例如下。

- ◆ 婚姻状况
- ◆ 生肖
- ◆ 工作
- ◆ 生活环境
- ◆ 身高、体型
- ◆ 购买力
- ◆ 购物类型
- ◆ 颜色偏好
- ◆ 消费信用水平
- ◆ 是否有房、有车
- ◆ 心理健康程度
- ◆ 社交类型和活跃度

7.1.2 为什么需要用户画像

微信公众平台中，每一个平台都是为特定的用户提供服务而存在的，不存在平台适合每一个人，而作为一种虚拟形象存在的用户画像，它并不是运营者脱离实际虚构出来的，它是由一群有代表性的用户群体和目标受众的各类数据总结而来的。

用户画像核心目的是给用户打上一个标签，从而实现数据的分类统计。比如，在北京的用户有多少，喜欢唱歌的用户有多少，男性用户和女性用户分别是多少，等等。

除了利用用户画像数据做最简单的数据分类统计，还可以进行关联数据计算和聚类数据分析等。例如，在北京的女性用户占多少比例，在北京的用户年龄分布情况，等等。

用户画像通过大数据处理方式，为运营者带来了更便利、精准的数据结果，让运营者在投放广告、投放平台内容时，能够准确地抓住用户的心理，将用户想要的信息投放出去，满足用户的需求。

7.1.3 构建用户画像的技巧

在学习构建用户画像前，微信运营者必须知道一个优秀的、令人信服的用户画像需要满足哪些条件，如图 7-1 所示。

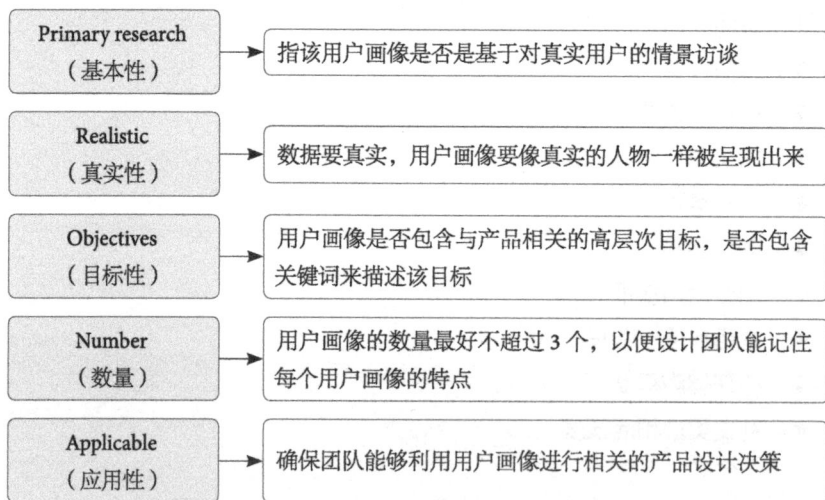

Primary research （基本性）	指该用户画像是否是基于对真实用户的情景访谈
Realistic （真实性）	数据要真实，用户画像要像真实的人物一样被呈现出来
Objectives （目标性）	用户画像是否包含与产品相关的高层次目标，是否包含关键词来描述该目标
Number （数量）	用户画像的数量最好不超过 3 个，以便设计团队能记住每个用户画像的特点
Applicable （应用性）	确保团队能够利用用户画像进行相关的产品设计决策

▲图 7-1 用户画像需要满足的条件

那么如何创建用户画像呢？主要有图 7-2 所示的几大步骤。

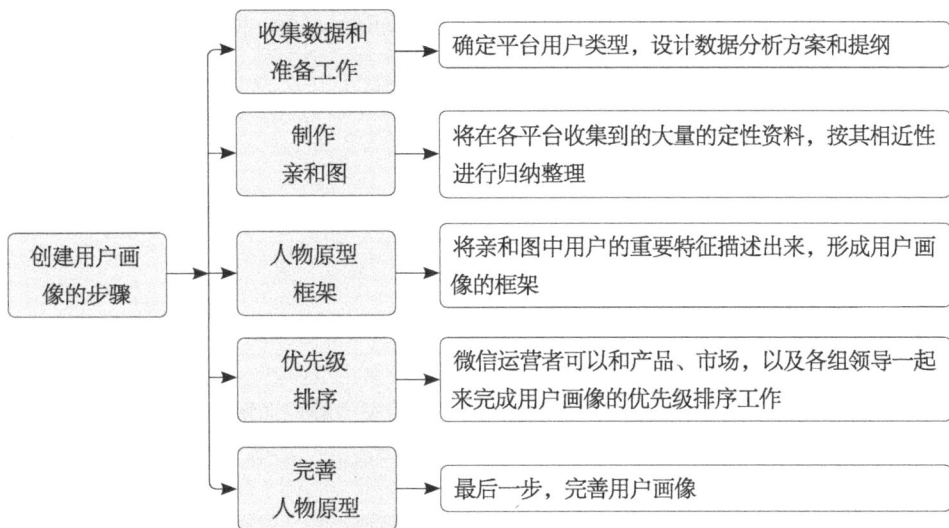

创建用户画像的步骤

| 收集数据和准备工作 | → | 确定平台用户类型，设计数据分析方案和提纲 |

| 制作亲和图 | → | 将在各平台收集到的大量的定性资料，按其相近性进行归纳整理 |

| 人物原型框架 | → | 将亲和图中用户的重要特征描述出来，形成用户画像的框架 |

| 优先级排序 | → | 微信运营者可以和产品、市场，以及各组领导一起来完成用户画像的优先级排序工作 |

| 完善人物原型 | → | 最后一步，完善用户画像 |

▲图 7-2 创建用户画像的步骤

7.2 掌握精准用户分布情况

在微信后台的"用户分析"功能中，除了了解用户的增长数据，还能够了解用户的分布属性。下面，以微信公众号"手机摄影构图大全"为例，主要从性别、语言、地域 3 个方面进行介绍。

7.2.1 了解粉丝的重要性

了解粉丝的重要性，其实就是了解市场上各行各业对目标用户群体定位的重要性。在互联网时代，谁拥有更多的粉丝量，谁就能更快地抓住商机，获取盈利。

但是，仅仅拥有一定的粉丝数量还是不够的，还要懂得粉丝的心理，通过一系列的后台数据构建用户画像，才能为微信运营提供更多的决策依据，使企业的决策达到图 7-3 所示的目的。

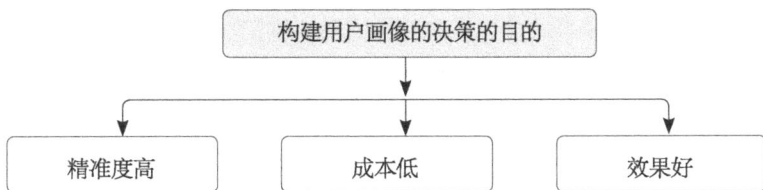

构建用户画像的决策的目的

| 精准度高 | 成本低 | 效果好 |

▲图 7-3 构建用户画像的决策的目的

而一个好的决策依据，能够促进用户的增加，实现吸粉的效应，因此构建用户画像、制订更好的决策、实现增粉是一个良性的循环生态，如图 7-4 所示。

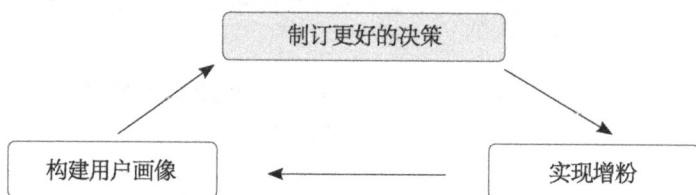

▲图 7-4 良性循环

7.2.2 用户性别比例数据

在经营微信公众号的过程中，微信管理者如果想要知道用户的性别属性，可以在后台进入"用户分析"页面，然后单击"用户属性"按钮，如图 7-5 所示。

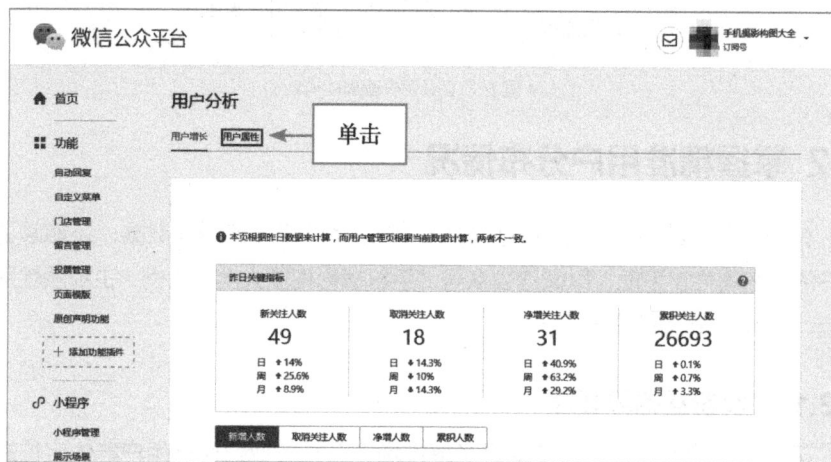

▲图 7-5 单击"用户属性"按钮

执行操作后，进入"用户属性"页面，就能查看微信公众平台的性别分布情况，如图 7-6 所示。

将鼠标指针放在分布图上，就能看到分布的数据，从图 7-7 中可以看出，"手机摄影构图大全"的男性成员比例和女性成员比例相当，女性用户比男性用户多一点儿，微信运营者要根据微信公众号的定位来判断这样的比例是否和微信公众号的目标用户群体匹配。

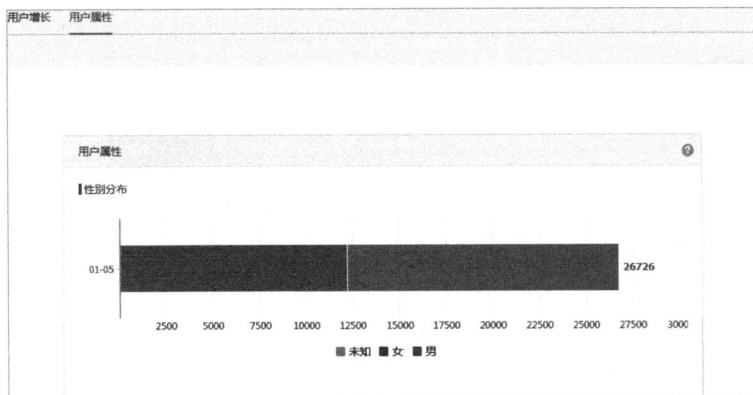

▲图 7-6 性别分布情况

因为用户的性别比例相当，所以运营者发布图文消息时，要兼顾男性用户和女性用户的喜好习惯和行为模式，这就要求微信运营者对"摄影构图"的内容有更为精细化的分类。

笔者认为，平台运营者可以将用户按照性别进行分组，分为女性组和男性组，当发布一些有个性的或有针对性的内容时，如针对女性用户，就可以发布一些与美妆、情感、闺蜜相关的内容；而针对男性用户，则可以发布一些与科技、美剧大片相关的内容。笔者在这里只是举例说明，详细的策略还需要各平台运营者自行揣摩和研究。

同时，笔者提醒各平台运营者，因为微信平台对每一位用户的信息都是保密的，因此运营者在对男女性别进行分类时可能会遇到困难，但是笔者可以教给大家一个方法，就是看用户的姓名和头像。

现在的人玩微信，很少会出现以前 QQ 上的那种非主流的名字了，多数人的名字都比较有特点，可以通过名字大致知道是男是女了，而且很多用户的头像具有代表性，运营者可以通过用户的头像和名字来估算其真实的性别。

7.2.3 用户语言分布数据

在"性别分布"的后面，就是"语言分布"图，图 7-7 所示为"手机摄影构图大全"用户的语言分布情况。

从图 7-7 中可以看出，在"手机摄影构图大全"的粉丝群体中，使用简体中文的用户为 25 833 人，使用英文的用户为 386 人，使用繁体中文的用户为200 人，还有使用未知语言的用户为 307 人。

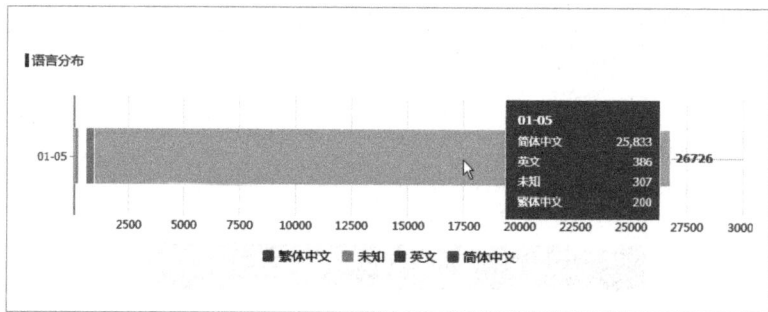

▲图 7-7 公众号"手机摄影构图大全"用户的语言分布情况

7.2.4 用户地域分布数据

2017 年 9 月，微信公众平台对用户的地理位置数据进行了优化，从而给微信运营者带来了极大的便利——了解省份和城市的分布情况。

1. 省份分布情况

"省份分布图"能够让微信运营者看到微信粉丝在各省的分布情况，在"省份分布图"的左侧是一张省份分布图，微信运营者将鼠标指针放在分布图上，就会出现相应省份的名称和该省份的用户数量。

"省份分布图"的右侧是省份对应用户数的具体数据，单击"用户数"旁边的三角形可以将用户数据进行从高到低或从低到高的排序，让微信运营者能够更方便地了解用户的分布情况。

▲图 7-8 公众号"手机摄影构图大全"用户的部分省份分布情况

下面，大家一起来看一看省份分布的例子，图 7-8 所示为"手机摄影构图大全"用户的部分省份分布情况。

2. 城市分布情况

"城市分布"的数据在"省份分布"数据的下方，微信管理者可以查看全国的城市用户分布情况，也可以查看某个省的城市用户分布情况，单击"城市分布"旁边的三角形选项框，就会弹出可选的选项。图 7-9 所示为"手机摄影构图大全"用户的部分城市分布情况。

城市分布 全国 ▼		
城市	**用户数 ⇕**	
广州	1 784	▬
北京	1 542	▬
上海	1 173	▬
深圳	1 125	▬
成都	814	▬
长沙	796	▬
重庆	653	▬
武汉	600	▬
杭州	570	▬
西安	554	▬

1 / 36 ▶ 跳转

▲图 7-9 公众号"手机摄影构图大全"用户的部分城市分布情况

根据地域分布进行营销的思路主要有图 7-10 所示的几点。

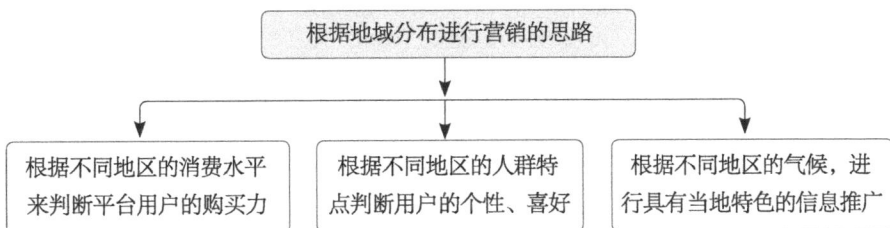

根据地域分布进行营销的思路

根据不同地区的消费水平来判断平台用户的购买力

根据不同地区的人群特点判断用户的个性、喜好

根据不同地区的气候，进行具有当地特色的信息推广

▲图 7-10 根据地域分布进行营销的思路

7.3 新榜平台的用户分析

新榜平台是一个用于发布自媒体平台运营数据和榜单的平台，通过新榜平台，用户能够了解各自媒体平台的整体发展情况。下面，笔者将以微信公众号"十点读书"为例，为读者阐述新榜平台的用户画像数据分析。

7.3.1 用户画像数据说明

进入新榜平台，在榜单上找到榜单里的"十点读书"，进入"十点读书"平台，单击"广告价值"按钮，就能在该页面找到"用户画像"模块，单击"用户画像"右边的"查看更多"按钮，如图 7-11 所示，即可进入"十点读书"的"用户画像"页面。

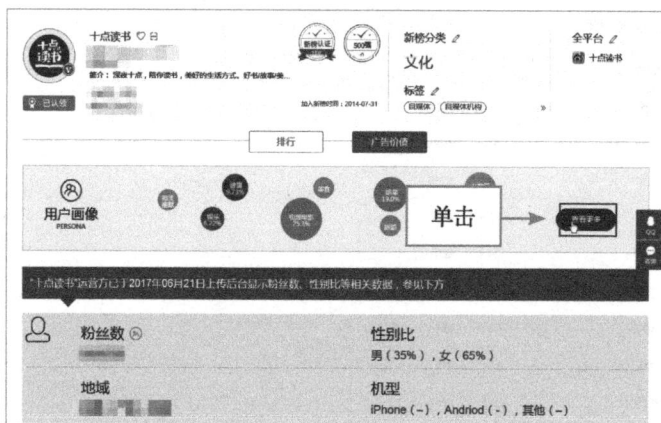

▲图 7-11 单击"查看更多"按钮

针对新榜平台上的用户画像数据，新榜给出了相应的说明，如图 7-12 所示。

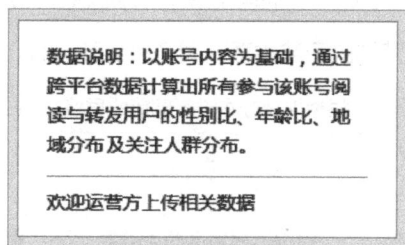

数据说明：以账号内容为基础，通过跨平台数据计算出所有参与该账号阅读与转发用户的性别比、年龄比、地域分布及关注人群分布。

欢迎运营方上传相关数据

▲图 7-12 新榜对用户画像数据的说明

7.3.2 预计活跃粉丝数

据悉，新榜上的"预计活跃粉丝数"是按照自媒体平台文章阅读量和图文打开率的公式进行估算的，每一个账号都有一个活跃粉丝的预估值，新榜平台对"十点读书"公众号的活跃粉丝数量的估值为 140 万多，如图 7-13 所示。

预估活跃粉丝数

1 432 132

▲图 7-13 新榜对"十点读书"公众号活跃粉丝数量的估值

7.3.3 性别比例

新榜上，每个公众账号平台上都有一个有关

性别比例的统计图，通过这张图，运营者能够一眼就看到自身平台的男女比例

情况。图7-14为"十点读书"公众
平台用户的性别比例图，在该图中，
可以看出女性用户占51.9%，而男性
用户占48.1%，女性用户比男性用
户多。

7.3.4 年龄比例

在性别比例后面，就是年龄比例图
示，图7-15为"十点读书"公众平台
用户的年龄比例图，从图中可以看出，

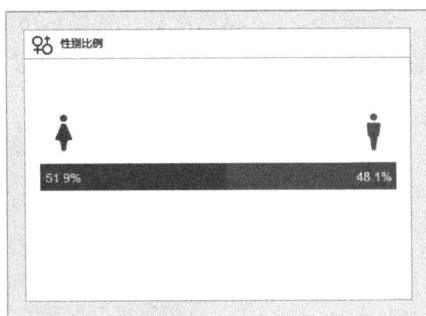

▲图7-14 "十点读书"公众平台用户的性别比例图

"十点读书"的用户主要集中为19～24岁、25岁～34岁，而其中19～24岁
的用户占比32.65%，25～34岁的用户占比29.58%，如图7-16所示，所以
19～24岁的用户比25～34岁的用户多。

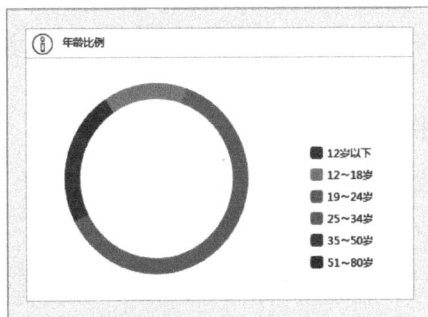

▲图7-15 用户年龄比例图

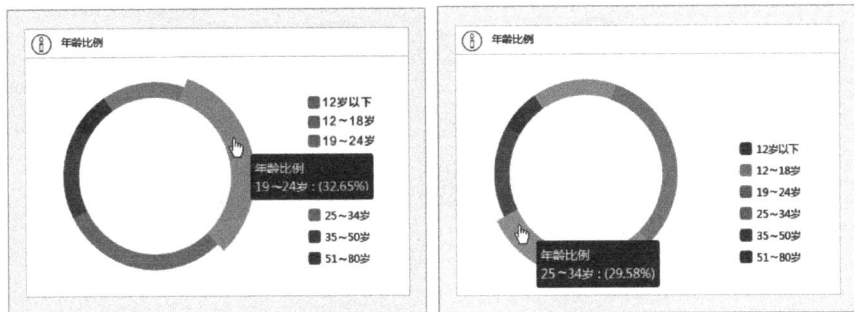

▲图7-16 19~24岁与25~34岁的用户年龄比例

7.3.5 地域比例

新榜为每个公众号统计了地域分布情况，并将分布排名前 10 位的地域用柱状图表现了出来。图 7-17 为"十点读书"公众平台用户的地域分布比例图。

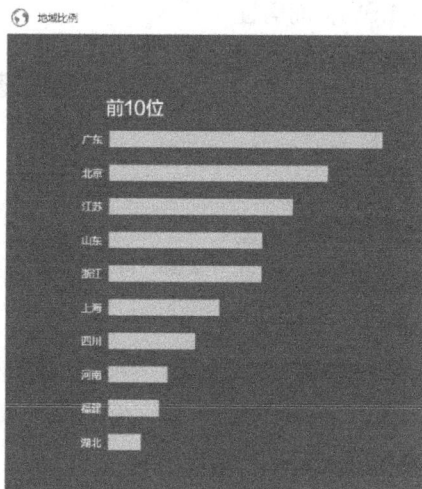

▲图 7-17 公众号"十点读书"用户的地域分布比例图

7.3.6 兴趣人群比例

除了以上介绍的用户画像数据，新榜还为公众平台推出了兴趣人群比例数据。图 7-18 为"十点读书"公众平台用户的兴趣人群比例图，从该图可以看出，"十点读书"平台的用户，对视频电影感兴趣的人群最多，占比为 25.3%。

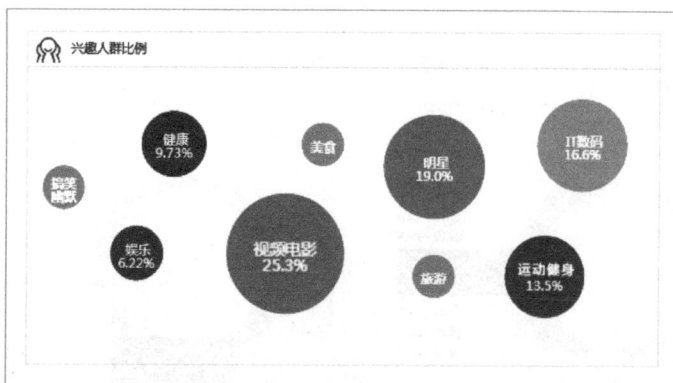

▲图 7-18 公众号"十点读书"用户的兴趣人群比例图

第8章

需求分析：
掌握需求，提高客户留存率

学前提示 >>>　　什么是需求分析？需求分析就是企业在创建一个新产品时，应该为该产品的目的、范围、定义和功能的确定，做一系列工作，这些工作就是需求分析。本章将从微信、新榜、清博、头条号这四大平台为大家介绍用户需求分析的内容。

要点展示 >>>

◆ 通过微信消息掌握客户需求。

◆ 通过新榜平台掌握热门需求。

◆ 通过清博指数掌握热门需求。

◆ 通过头条号平台进行精准分析。

8.1 通过微信消息掌握客户需求

从用户发来的消息中，可以看出用户的直接需求，如用户发送关键词"假期优惠"，说明用户想要了解企业的"假期优惠"政策，或者与"假期优惠"相关的一些信息。因此，通过后台的用户消息分析，企业可以了解到用户的诸多需求。

8.1.1 从用户消息发送中看需求

在微信公众平台中，有"消息分析"一栏，在这一栏中可以看到以下两部分的内容。

◆ 消息分析

◆ 消息关键词

微信公众平台的运营者可以通过用户发送的消息数据，洞悉消费者的需求，在"消息分析"功能中，可以看到"小时报""日报""周报"和"月报"这4块内容。下面，将对这4块内容分别进行介绍。

8.1.2 消息分析之"小时报"

首先，一起来看"小时报"的趋势图，通过"小时报"的趋势图，微信公众平台的运营者需要了解的内容是：用户通常喜欢什么时候发送消息，以及发送的频率。

在"小时报"下面，可以看到3个关键指标，分别是"消息发送人数""消息发送次数"和"人均发送次数"的趋势图。

下面，笔者将以"手机摄影构图大全"为例，从以下几个方面来介绍微信公众账号的"小时报"数据。

1. 发送人数

在"小时报"下，首先看到的是"消息发送人数"趋势图，如图8-1所示。

> **专家提醒**　在该日期里，可以看到9:00、12:00、15:00有人发送了消息。连续多日观察，如果可以发现用户都是在这3个时间段发送消息，那么说明用户会在这3个时间段里对微信公众平台关注得多一些，那么这3个时间段是适合平台和用户进行互动的时间段。

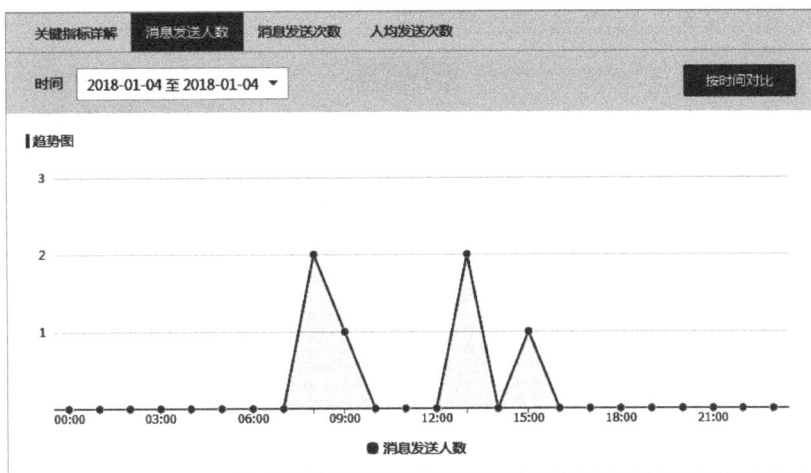

▲图 8-1 "消息发送人数"趋势图

2. 发送次数

单击"消息发送次数"按钮，就能进入"消息发送次数"趋势图的页面，图 8-2 为公众号"手机摄影构图大全"的"消息发送次数"趋势图，通过分析不同时间段里用户发送消息的次数，可以了解在哪个时间段，用户的活跃度比较高。

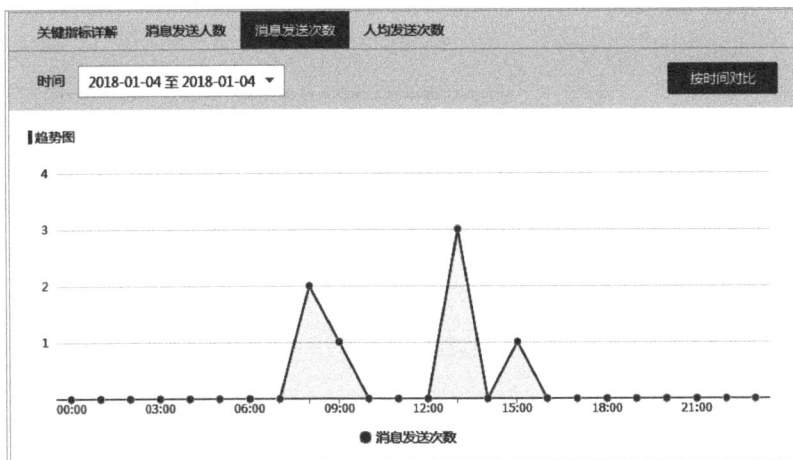

▲图 8-2 "消息发送次数"趋势图

3. 人均发送次数

单击"人均发送次数"按钮，可以切换到"人均发送次数"趋势图里，在该趋势图中，可以通过分析在不同时间段的人均发送次数，来判断最佳的互动的时间。图 8-3 为"人均发送次数"趋势图。

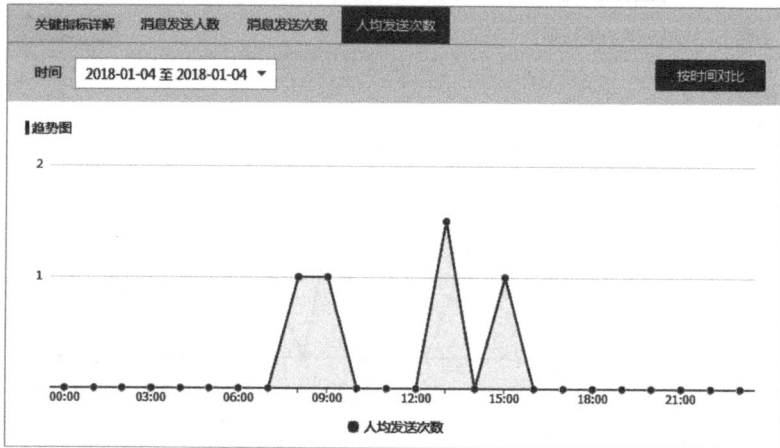

▲图 8-3 "人均发送次数"趋势图

4. 发送次数分布图和详细数据

在关键指标的趋势图下面，分别是"消息发送次数分布图"和"详细数据"，如图 8-4 所示。

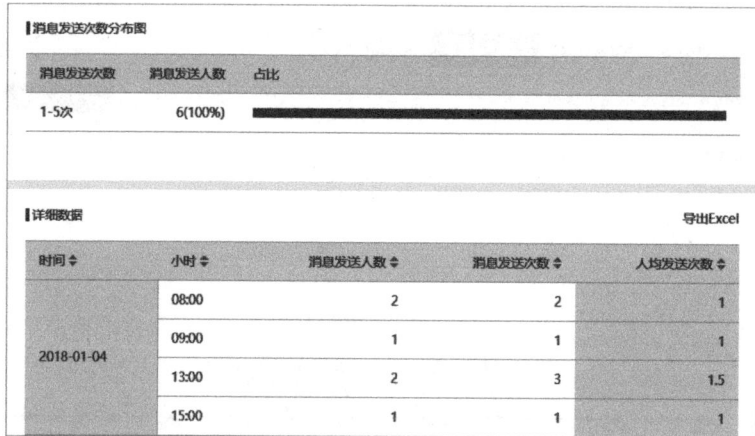

▲图 8-4 "消息发送次数分布图"和"详细数据"

5."小时报"的意义

微信平台运营者分析用户消息的"小时报"有什么意义呢？在笔者看来，分析消息"小时报"的意义主要在于确定用户的空闲时间，以此来确定与用户互动的时间和形式。

　　同时，微信运营者还可以结合图文统计的"小时报"判断用户的职业情况，在图文统计中，"小时报"主要是用来了解用户在不同时间点的阅读量、收藏量和转发量的，运营者可以将同一个时间点的图文统计的"小时报"和消息统计的"小时报"结合起来分析，或许可以发现很有意思的事情。例如，在某些时间点，阅读量、收藏量和转发量都不错，但是用户发送消息的却很少，那么是否可以判断，在这些时间段里，用户是不太方便抽出时间来与平台进行互动的，他们或许在上班，或许在做其他的事，只有等到下班后，才会有更多的闲暇时间来与平台进行互动，那么在这些时间段，用户发送消息的频率才会升高。

　　因此微信公众平台在选择与用户进行互动的时间段时，要设身处地站在用户的角度选择恰当的时间，这样才能取得更好的效果。

8.1.3 消息分析之"日报"

　　"日报"顾名思义就是以"日"为单位进行的消息分析功能，微信运营者需要通过"日报"了解到：相对于1天前、1个星期前、1个月前的用户消息到底是增加了还是减少了；固定时间内的消息发送人数、次数和人均发送次数的情况如何，等等。

　　下面，将从以下几个方面对"日报"进行分析。

1. 昨日关键指标

在"日报"下，首先看到的就是"昨日关键指标"数据，如图8-5所示。

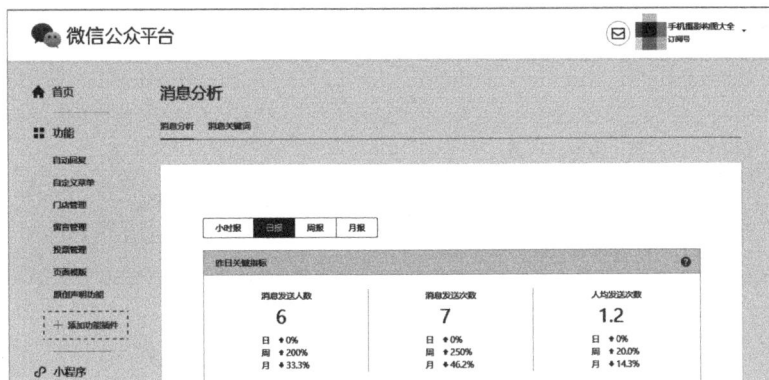

▲图8-5 昨日关键指标

2. 关键指标详解

和"小时报"一样，"日报"也有"消息发送人数""消息发送次数""人均发送次数"的趋势图，图 8-6 为"消息发送人数"30 天内的趋势图。

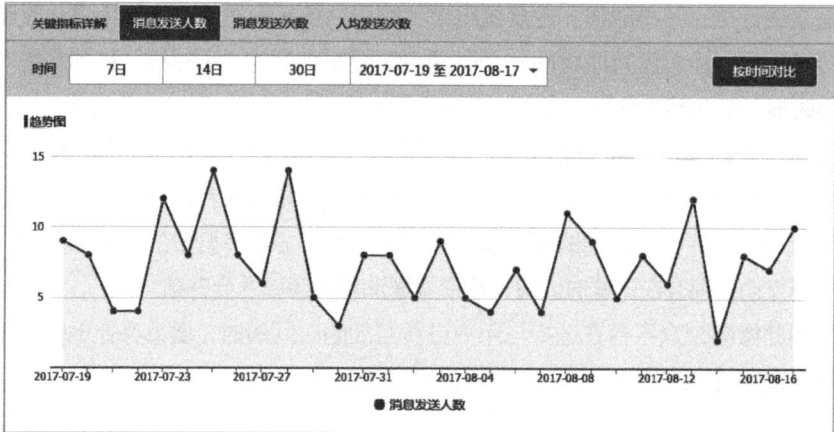

▲图 8-6 消息发送人数趋势图

运营者可以根据情况，自定义时间，对"消息发送人数"进行查看。

微信运营者如果想要对不同时期的数据进行对比，可以单击右上方的"按时间对比"按钮，就会得出相应的对比数据，微信号运营者可以自己定义想要对比的时间。图 8-7 所示为 2017 年 7 月 19 日至 8 月 17 日和 6 月 19 日至 7 月 18 日的消息发送人数的数据对比。

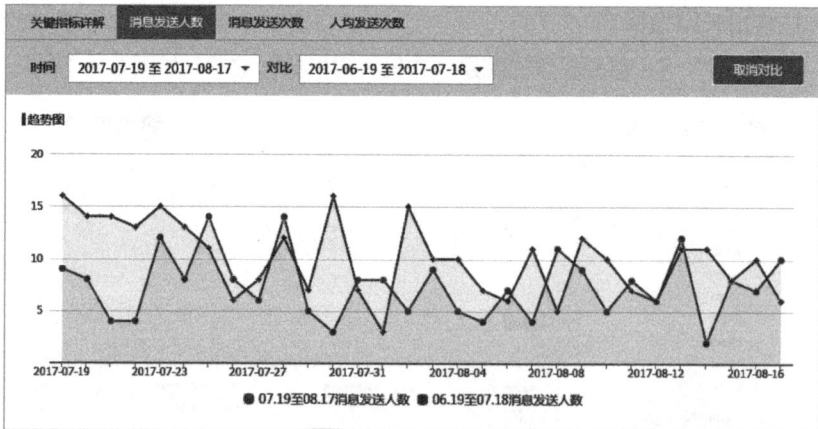

▲图 8-7 消息发送人数数据对比

如果要取消对比，单击右上角的"取消对比"按钮。

3. 消息发送次数分布图

在关键指标详解下面，是"消息发送次数分布图"，如图 8-8 所示。

消息发送次数分布图			
消息发送次数	消息发送人数	时间	占比
1-5次	217(100%)	2017-07-19至2017-08-17	▬▬▬▬▬▬▬▬▬▬▬
	284(98.27%)	2017-06-19至2017-07-18	▬▬▬▬▬▬▬▬▬▬
6-10次	4(1.38%)	2017-06-19至2017-07-18	▮
10次以上	1(0.35%)	2017-06-19至2017-07-18	∣

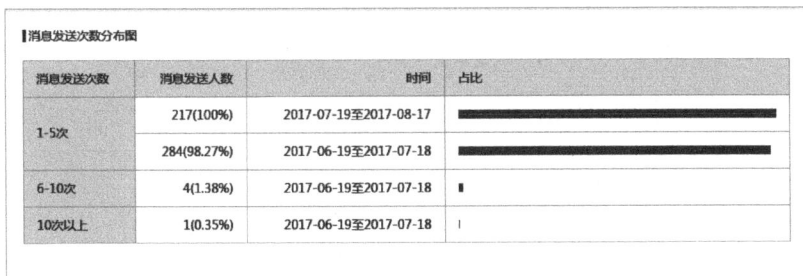

▲图 8-8 "消息发送次数分布图"

专家提醒

运营者如果想要对详细数据进行更深入的分析，可以单击详细数据右上角的"导出 Excel"按钮将数据导入到 Excel 中，再进行深入分析。

8.1.4 消息分析之"周报"

"周报"主要是以"周"为单位对用户发送的消息进行分析的一个功能模块，和"小时报""日报"一样，"周报"也包括"关键指标详解""消息发送次数分布图"和"详细数据"，如图 8-9、图 8-10 和图 8-11 所示。

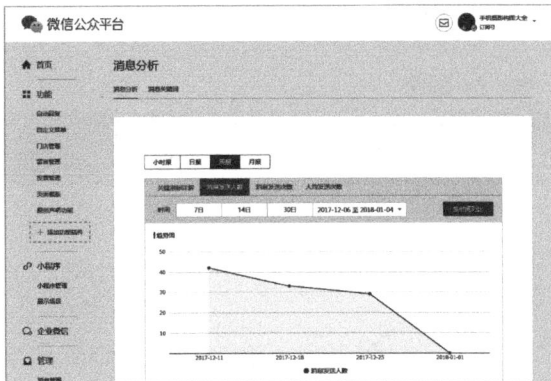

▲图 8-9 消息分析

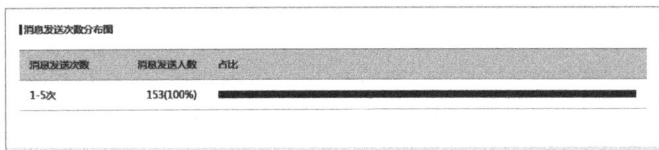

消息发送次数分布图		
消息发送次数	消息发送人数	占比
1-5次	153(100%)	▬▬▬▬▬▬▬▬▬▬▬▬

▲图 8-10 消息发送次数分布图

153

▲图 8-11 详细数据

通过关键指标详解的"消息发送人数"数据，微信运营者可以了解到每一个星期的用户发送的消息情况，还可以了解到在第几个完整周，发送消息的人数有上升的趋势；在第几个完整周，发送消息的人数有下降趋势。微信运营者可以根据这些趋势，去分析在这些周期内，平台做了哪些动作，才提高了用户的活跃度和积极性。

"消息发送次数"和"人均发送次数"的趋势图也可以用同样的思路展开分析。

8.1.5 消息分析之"月报"

在消息分析功能中，最后一个功能模块就是"月报"，和前面的"小时报""日报""周报"一样，也有"关键指标详解""消息发送次数分布图"和"详细数据"这三大内容，"月报"主要用户判断微信用户是否具备长期的积极性。

图 8-12 为 2016 年 9 月 1 日至 12 月 1 日的"消息发送人数"数据的趋势图。

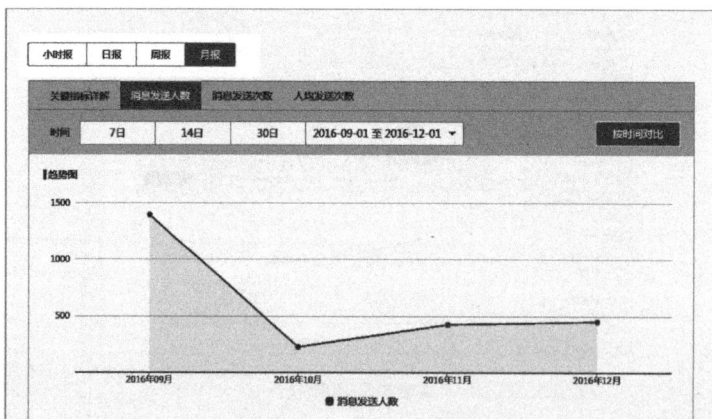

▲图 8-12 消息发送人数趋势图

从这个趋势图可以看出，当年 9 月至 10 月的消息发送人数处于下降的状态，但是当年 10 月至 12 月的消息发送人数开始出现上升的趋势，运营者要找出数据发生如此巨大变化的原因。

除了查看"消息发送人数"的趋势图，还可以切换到"消息发送次数""人均发送次数"选项，查看相应的指标趋势图。

在"关键指标详解"数据下，是"消息发送次数分布图"和"详细数据"，分别如图8-13、图8-14所示。

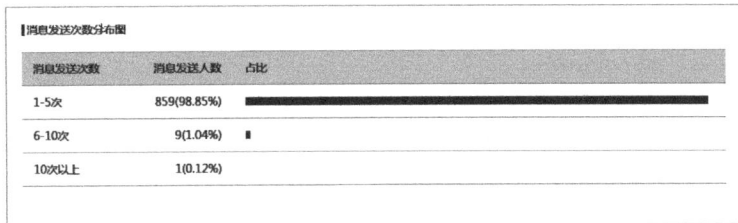

▲图8-13 消息发送次数分布图

▲图8-14 详细数据

"消息发送次数分布图"表明了某个时间段用户发送消息的人数和占比情况，同时在"详细数据"中，每个月的消息数据一目了然。

8.2 通过新榜平台掌握热门需求

新榜平台在用户需求分析这一块，可能可以用于研究的数据不是特别多，但是笔者发现，还是可以在平台上找到一些因素，来探讨用户对知识点、热点、社会新闻、创业金融等需求点的。下面，笔者还是以"十点读书"微信公众平台为例，为大家讲解新榜平台是如何挖掘用户需求的。

8.2.1 7天热门分析用户需求

进入平台的后台，在"排行"功能栏下有一个栏目——7天热门，这个栏目是新榜根据微信公众平台的文字的阅读量和点赞人数，统计出来的关于热门文章排行的栏目。图8-15所示为"十点读书"微信公众平台的"7天热门"文章罗列情况。

从图8-15中可以看出，"十点读书"微信公众平台的热门文章，阅读量都达到10万了，同时点赞数也非常高，而从排名靠前的这两篇文章可以看出，第1篇文章的点赞数比第2篇文章的点赞数多了9 000多，说明第1篇文章受欢迎的程度更大，由此运营者可以得知，相比第 2 篇文章的内容，读者更喜欢第 1 篇文章的内容，可能读者对于这类信息的需求会更大。

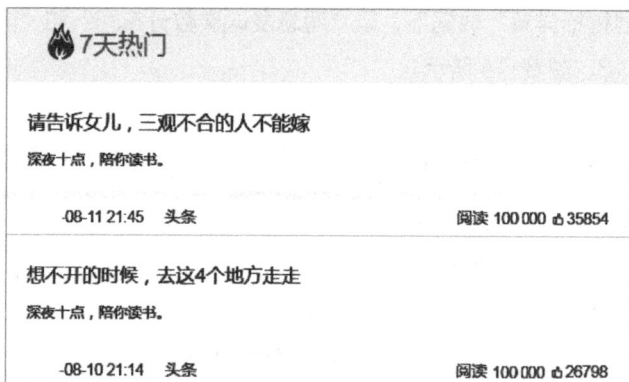

▲图 8-15 "7 天热门"文章

8.2.2 热词看用户的喜好

除了 7 天热门文章，在"广告价值"功能栏中，可以查看平台的热词信息。图 8-16 所示为"十点读书"微信公众平台的热词内容。

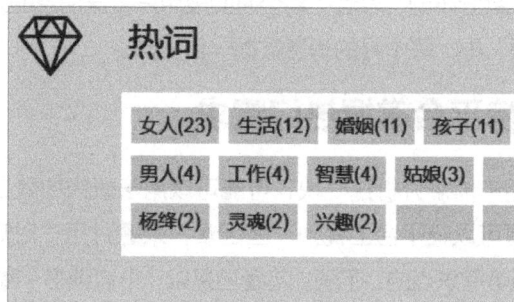

▲图 8-16 热词

因为新榜平台是一个公众化的数据平台，运营者可以在这个平台上看到前 500 强的微信公众平台的相关数据，所以运营者可以从同类微信公众平台的数据中，发现一些规律，如读书或情感类的微信公众平台可以通过"十点读书"平台或其他平台的热词，找出一些规律，以便更深地挖掘出用户的需求。

8.3 通过清博指数掌握热门需求

清博指数是国内基于大数据的舆情报告和软件供应商之一。图 8-17 所示为清博指数平台的首页，用户单击"榜单"按钮，就能进入清博指数的榜单界面。

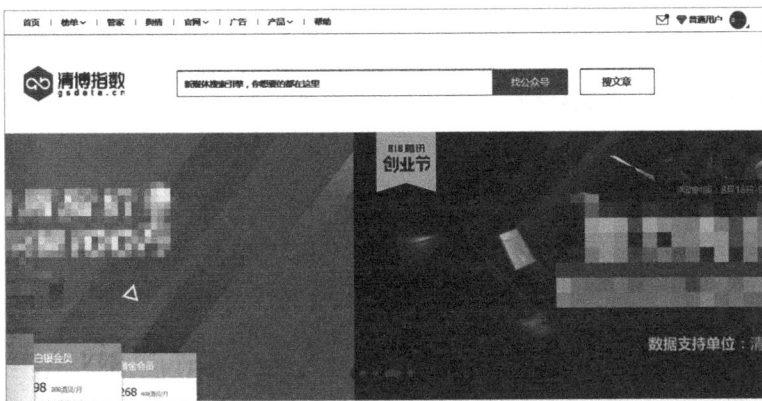

▲图 8-17 清博指数平台首页

清博指数的榜单全方位地囊括了各类媒体榜单数据，举例如下。

◆ 微信总榜

◆ 微博总榜

◆ 网红榜

◆ 机构发榜

◆ 微博媒体势力榜

◆ 品牌 1 000 强

微信运营者重点要关注的是微信总榜榜单，单击"微信总榜"按钮，就能查看微信排行榜榜单。图 8-18 所示为微信总榜上文化类型的微信公众号的榜单排名。

▲图 8-18 文化类微信公众号的榜单排名

下面，笔者以"十点读书"微信公众号为例，为大家讲解如何利用清博指数进行用户需求分析。

8.3.1 一周热门数据分析

进入"十点读书"的页面，在最下面可以看到"最新""一周热门"的文章，单击"一周热门"选项框，就能看到"十点读书"微信公众号近 1 个星期内的热门文章。如果运营者想要进行更深入的分析，可以单击热门文章下的"查看更多"按钮，进入热门文章分析页面。

在该页面中，运营者可以看到以下几个选项。

◆ 时间范围选项，运营者可以选择小于 3 天、3~7 天、7~30 天、大于 30 天，查看相应的文章排行，也可以自定义时间范围，查看文章。

◆ 文章内容的搜索范围，有"标题""摘要""微信号"3 项内容供运营者选择。

◆ 是否原创选项。

◆ 排序选项，可以选择按照匹配度进行排序，也可以选择按发布时间、阅读数或点赞数进行排序。

微信运营者如果想要分析用户需求，就可以按照阅读数或点赞数进行排序，阅读数可以体现标题对用户的吸引力，而点赞数则可以体现文章内容对用户的吸引力。

阅读数多，说明用户看到标题，就想单击文章阅读，因此阅读数可以反映文章标题对用户的吸引力。

运营者可以按照这个逻辑思路去细心地观察，通过"阅读数"和"点赞数"排名就能了解标题对用户的吸引力，从而能够从中分析出读者的情感需求。

8.3.2 点赞率数据分析

除了从热门文章中观察文章的"阅读数"和"点赞数"来分析用户的需求，还可以通过"点赞率"来分析。

什么是"点赞率"？"点赞率"就是总点赞数除以总阅读数得到的数值，点赞率越高，说明文章受欢迎的程度越高；文章击中读者的痛点、痒点越多，越能发现用户的需求点。

8.4 通过头条号平台进行精准分析

在前面已经介绍，通过头条号平台，运营者可以查看自己账号的用户画像数据，大致了解用户。除了用户画像数据，头条号还有一个重要的数据指标，即"头条号指数"下面，笔者将为大家介绍头条指数数据，为运营者提供更深入的数据分析思路。

8.4.1 维度一：健康度

头条号指数的第一个维度：健康度。在头条号中，如果满足一定的条件，就能提高整个维度的得分。头条号对健康度给出的提升分数的条件如图 8-19 所示。

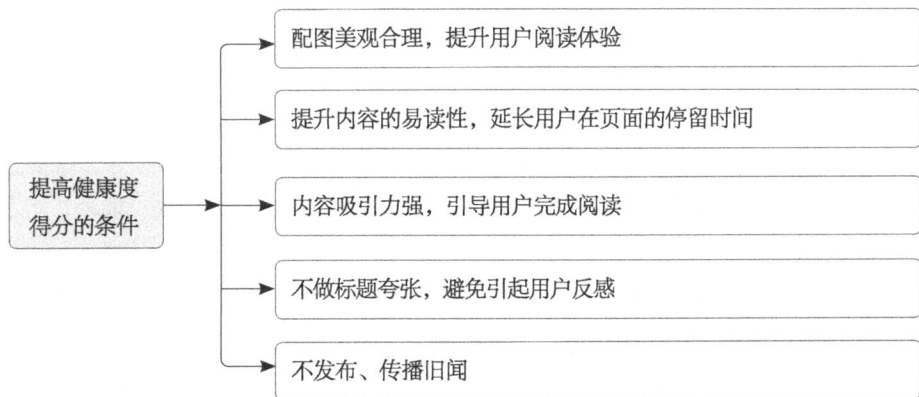

▲图 8-19 提高健康度得分的条件

运营者需要对照健康度的得分条件，养成每天分析头条号文章的习惯，当发现健康度指数的得分比较低时，要及时行动，弥补健康度指数中不足的地方，详细介绍如下。

（1）用户喜欢高清、舒适的图片，运营者用清晰、美观并且合理的图片，能够延长用户在页面停留的时间。图 8-20 所示为"手机摄影构图大全"在一天前发布的某篇文章，这篇文章的特点就是全文采用高清、美观的摄影作品来突出的文章主题，因此获得了 84 万多推荐量、13 万多阅读量、4 700 多收藏量和 2 000 多转发量。

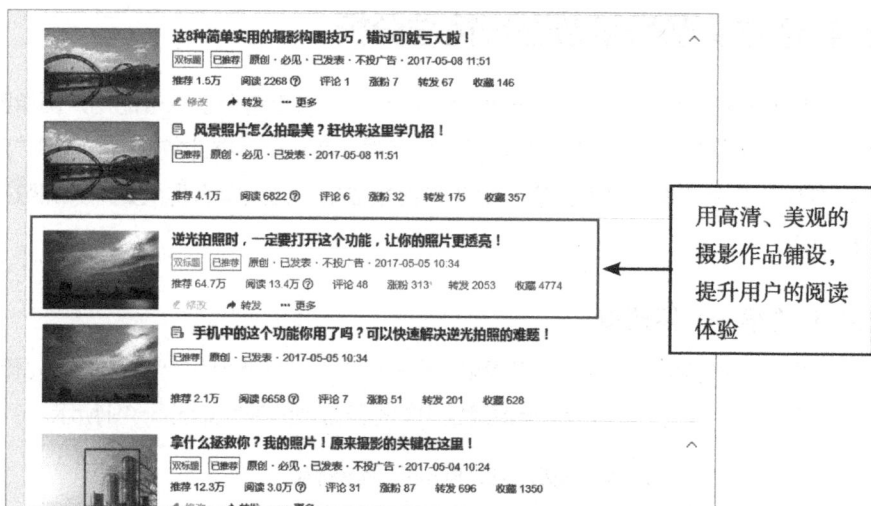

用高清、美观的摄影作品铺设，提升用户的阅读体验

▲图 8-20 手机摄影大全的文章

（2）文字不要太多，语言精练，不要啰唆，尽量减少文章的水分，提高耐读性、易读性，这样做也能够延长用户停留的时间。如果文字复杂、烦琐，用户可能没耐心看下去，会直接关闭页面。

（3）用悬念吸引读者读下去，或者用有趣味性的内容打动读者，总之不要过于平实，有亮点才能吸引用户，而且笔者发现今日头条的文章很多都会在标题上下狠功夫，如标题中是否有关键字、是否嵌入热点、是否富有趣味、是否带有网络用语等，注重这些小技巧能够给文章带来意想不到的收获。

图 8-21 所示是"手机摄影构图大全"的一篇阅读人次超过 13 万的文章，这篇文章的标题中嵌入了"逆光拍照""功能""更透亮"的关键词，一下子就抓住了读者的视线，让读者主动单击阅读。

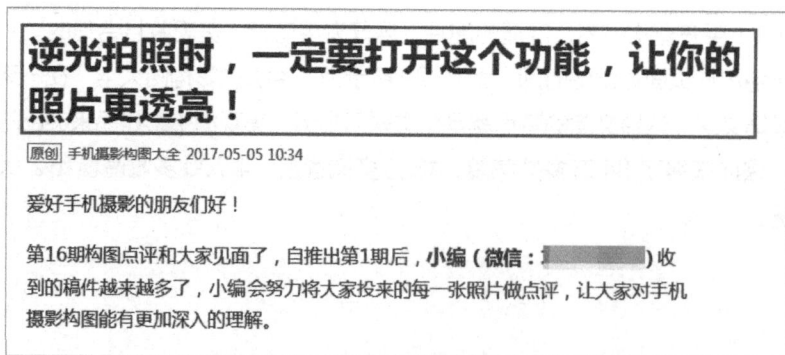

逆光拍照时，一定要打开这个功能，让你的照片更透亮！

原创 手机摄影构图大全 2017-05-05 10:34

爱好手机摄影的朋友们好！

第16期构图点评和大家见面了，自推出第1期后，**小编（微信：　　　　）**收到的稿件越来越多了，小编会努力将大家投来的每一张照片做点评，让大家对手机摄影构图能有更加深入的理解。

▲图 8-21 利用关键词提升了健康度的文章标题的案例

8.4.2 维度二：原创度

原创度很好理解，就是平台运营者发布的文章是原创的，没有在其他平台发布过的。头条号对原创度给出的相应的得分条件如图 8-22 所示。

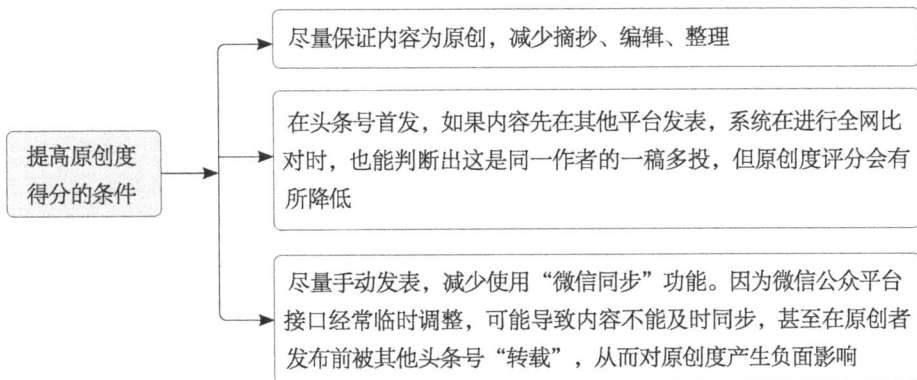

```
                    ┌─────────────────────────────────────────┐
                    │ 尽量保证内容为原创，减少摘抄、编辑、整理    │
                    └─────────────────────────────────────────┘
                    ┌─────────────────────────────────────────┐
┌──────────┐        │ 在头条号首发，如果内容先在其他平台发表，系统在进行全网比 │
│ 提高原创度 │───────▶│ 对时，也能判断出这是同一作者的一稿多投，但原创度评分会有 │
│ 得分的条件 │        │ 所降低                                    │
└──────────┘        └─────────────────────────────────────────┘
                    ┌─────────────────────────────────────────┐
                    │ 尽量手动发表，减少使用"微信同步"功能。因为微信公众平台 │
                    │ 接口经常临时调整，可能导致内容不能及时同步，甚至在原创者 │
                    │ 发布前被其他头条号"转载"，从而对原创度产生负面影响    │
                    └─────────────────────────────────────────┘
```

▲图 8-22 提高原创度得分的条件

8.4.3 维度三：活跃度

活跃度指的是运营者发文的频率。头条号对活跃度给出的得分条件如图 8-23 所示。

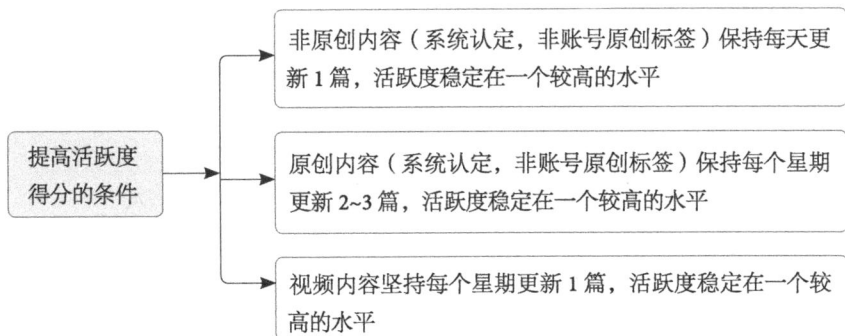

```
                    ┌─────────────────────────────────────────┐
                    │ 非原创内容（系统认定，非账号原创标签）保持每天更 │
                    │ 新 1 篇，活跃度稳定在一个较高的水平          │
                    └─────────────────────────────────────────┘
┌──────────┐        ┌─────────────────────────────────────────┐
│ 提高活跃度 │───────▶│ 原创内容（系统认定，非账号原创标签）保持每个星期 │
│ 得分的条件 │        │ 更新 2~3 篇，活跃度稳定在一个较高的水平      │
└──────────┘        └─────────────────────────────────────────┘
                    ┌─────────────────────────────────────────┐
                    │ 视频内容坚持每个星期更新 1 篇，活跃度稳定在一个较 │
                    │ 高的水平                                  │
                    └─────────────────────────────────────────┘
```

▲图 8-23 提高活跃度得分的条件

8.4.4 维度四：垂直度

垂直度就是运营者在某一个领域里发布内容，有关垂直度的得分条件，头条号也有了一定的标准，如图 8-24 所示。

作者可以在多个领域发内容，但系统会根据读者的阅读行为数据，选出其最受欢迎的内容，从而判断出作者的擅长领域

擅长领域之外的内容，账号垂直度评分将降低

有时读者对于一些"交叉"领域的话题的反馈可能与作者的初衷有差异，如一篇内容同时写到了"旅游"和"美食"两种话题，根据不同读者群的反馈，既可能被系统认为是"旅游"领域的话题，也可能被认为是"美食"领域的话题，当这种情况发生时，可能会对"垂直度"产生作者意料之外的作用。不过不用担心，毕竟读者的认同才是最重要的

提高垂直度得分的条件

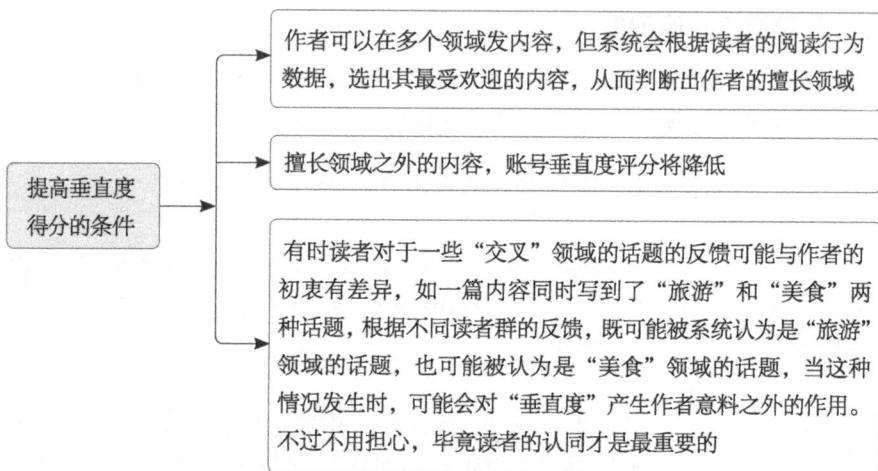

▲图 8-24 提高垂直度得分的条件

垂直度，就是让运营者最好专攻一个领域的内容，不要这个领域的内容弄一点儿，那个领域的内容弄一点儿，否则账号的垂直度评分很可能降低。

8.4.5 维度五：互动度

互动度是指运营平台和读者之间的互动。头条号对互动度给出的得分条件如图 8-25 所示。

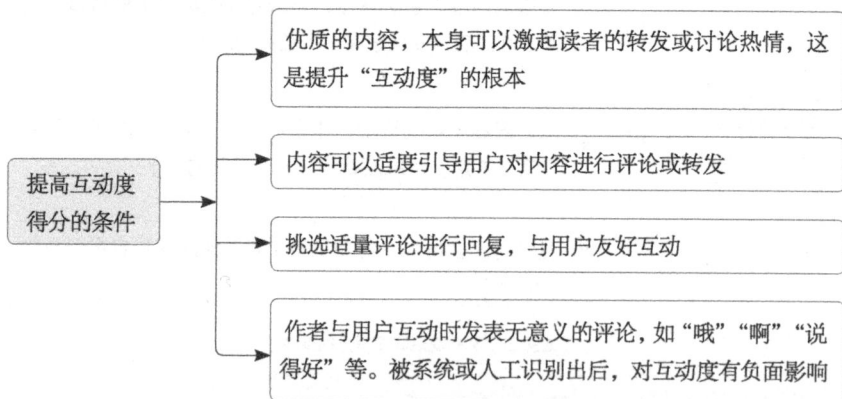

提高互动度得分的条件

优质的内容，本身可以激起读者的转发或讨论热情，这是提升"互动度"的根本

内容可以适度引导用户对内容进行评论或转发

挑选适量评论进行回复，与用户友好互动

作者与用户互动时发表无意义的评论，如"哦""啊""说得好"等。被系统或人工识别出后，对互动度有负面影响

▲图 8-25 提高互动度得分的条件

新手运营者常常会遇到差评或肆意评论的情况，有时还会出现读者之间探讨得很激烈，争论不休的情况，其实这是好事，有关注度才有争论，有争论才有关注度。而运营者要做的，就是要对每一个发表评论的用户都进行回复，这样能

够提升互动。图 8-26 所示为"手机摄影构图大全"的运营者"构图君"在评论区
与用户互动的内容。

▲图 8-26 在评论区与用户互动

笔者认为，可以让运营团队成员每天给文章一些中肯的好评，然后互相点赞、
评论，也是一种提升互动度的方式，尤其新手运营者在账号运营的初期，积累的
忠实读者不是特别多，所以面对差评和肆意评论，会束手无策，因此让团队成员
对文章进行点评，也是很不错的选择，笔者总结出以上方法有图 8-27 所示的两点
好处。

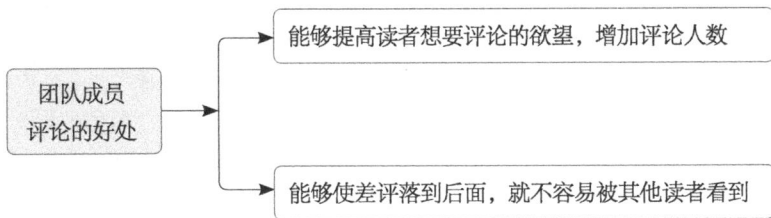

▲图 8-27 团队成员评论的好处

第9章

图文分析：
定位客户喜好，减少取关率

学前提示 >>>

图文内容是支撑微信公众平台的宣传和推广的基础内容，因而，对其进行了解和分析很重要，只有准确了解了自身微信公众号的各种图文数据，才能读懂用户喜好的内容，才能让户愿意留在平台上，减少取关率。本章就具体分析微信公众平台及与之相关的新榜、清博和头条号等平台的图文数据。

要点展示 >>>

◆ 通过微信后台进行图文分析。
◆ 通过新榜平台进行图文分析。
◆ 通过清博平台进行阅读分析。
◆ 通过头条号平台进行文章分析。

9.1 通过微信后台进行图文分析

微信管理者通过向用户推送图文消息，起到传播信息、吸引用户的作用，因此分析图文消息效果对于微信管理者是重要的。下面，笔者将为大家介绍利用微信后台进行图文数据分析的方法。

9.1.1 如何查看所有图文数据

进入微信后台，单击"统计"模块下的"图文分析"按钮，就能进入"图文分析"页面，如图9-1所示。

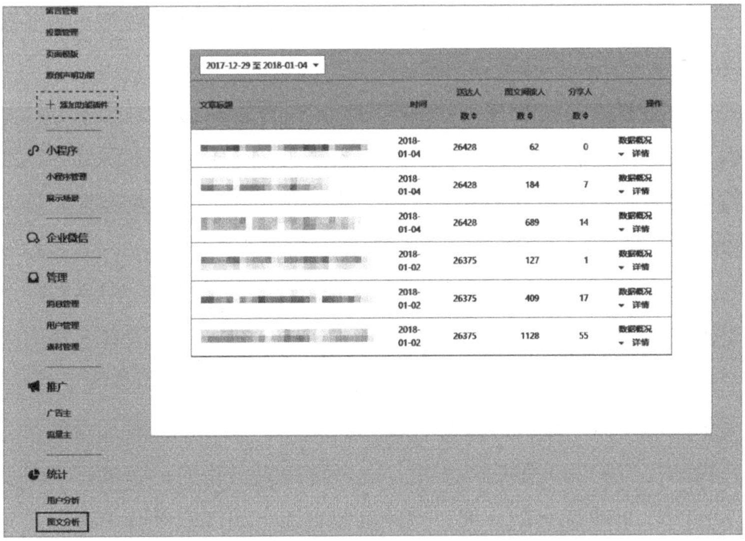

▲图9-1 "图文分析"页面

从图9-1中可以看到，图文分析页面中，有单篇图文数据统计，也有全部图文数据统计，运营者可以查看单篇图文的统计数据，只要单击"数据概况"按钮及"详情"按钮。

运营者也可以查看全部图文的统计数据，只要单击"全部图文"按钮，即可进入"全部图文"数据统计页面。

9.1.2 图文群发中发现商机

微信运营者分析微信后台的图文数据时，不仅要分析数据本身的含义，还要对这个数据中隐藏的商机进行思考。

如果一篇图文不仅阅读量达到了一定的数量，而且转发量也非常高，那么就说明有很多用户对文章的内容非常感兴趣，当他们将文章转发分享到自己朋友圈时，他们的朋友也会看到这些文章，如果他们的朋友也对文章的内容感兴趣，就很有可能也进行转载和传播，从而使文章的传播力度更大，传播的范围更广。

这样一来可以使企业的微信公众号让更多的人知道，二来能够为企业的微信公众平台吸引到更多的关注群体，从而提升企业微信公众平台粉丝的数量和质量，因为通过这些文章而关注企业微信公众号的用户肯定是被平台的内容吸引的，基本都是平台的目标用户，活跃度和质量都比较高。

那么微信运营者要如何从图文消息中发现商机呢？

第一个商机应该是微信公众平台粉丝的增加，当粉丝增加到一定数量时，就能开通流量主，然后按月收取广告费。

第二个商机就是笔者要重点介绍的内容，那就是从图文消息中寻找商机，微信运营者查看图文消息的阅读、转发类的数据时，如果突然发现其中某篇文章的阅读数据或转发数据特别突出，比其他的文章的阅读或转发数据都要高，那么微信运营者就要从中寻找是否有某个点特别吸引用户。

比如，企业发布一篇名为《如何速成 UI 设计师》的文章，然后发现这篇文章的阅读量和转发量都比其他的文章要高出很多，那么微信运营者就要思考，这些用户是否都是想要学习 UI，才会对这篇文章如此关注。

想要论证这一点，微信运营者可以再围绕"UI 设计师"发几篇相关的文章，看看这几篇的文章的阅读量和转发量是否依然有增长趋势，如果有，说明用户对于"UI 设计师"非常感兴趣，那么微信运营者可以通过投票调查的形式看看有多少人愿意参加公众平台开设的"UI 设计师"课程，如果有很多人有这个意愿，那么企业就可以在微信平台上开设这一课程了。这就是通过图文消息数据分析看到的商机。

9.1.3 查看单篇图文详解数据

因为"单篇图文"仅能统计 7 天内的图文数据，因此微信管理者在自定义时间时，所选的日期跨度不能超过 6 天，否则就无法进行查看。

在"单篇图文"数据统计页面中可以看到以下几部分内容。

◆ 文章标题

- ◆ 时间
- ◆ 送达人数
- ◆ 图文阅读人数
- ◆ 分享人数
- ◆ 操作

其实除了送达人数、图文阅读人数、分享人数，还有原文页阅读人数和转发人数这两项数据。

微信运营者单击操作栏下的"数据概况"按钮，就能进入数据概况页面，在该界面中，微信运营者能够有针对性地对每一篇图文消息进行数据分析，但是在进行数据分析前，微信运营者必须搞懂以上这几项数据的含义和关系。下面，笔者对这几项数据进行分析，如图9-2所示。

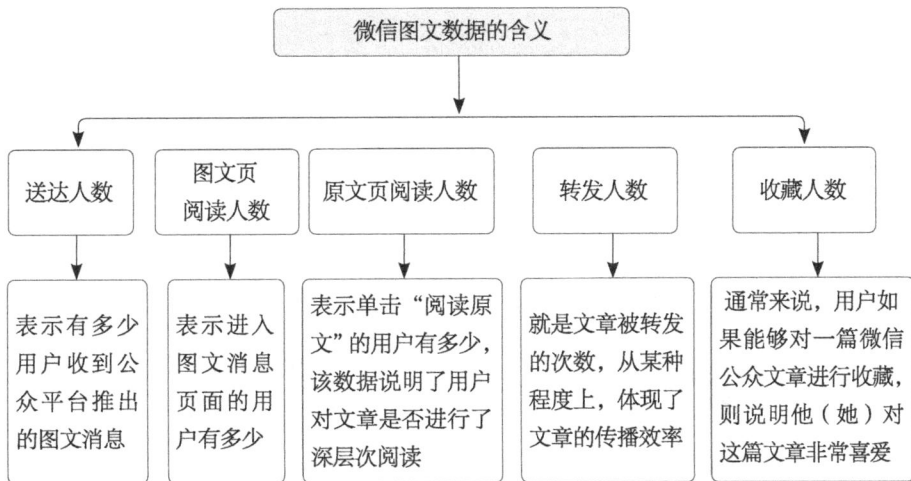

▲图9-2 微信图文数据的含义

因此，从传达人数到图文页阅读人数，到原文页阅读人数，到转发人数，再到收藏人数，体现出来的传播效率和传播深度是越来越广、越来越深的，因此微信平台的运营者要从这几项数据进行系统的分析，而不是只看其中某一项数据。

微信运营者如果想要了解单篇图文的转化率，就需要单击"详情"按钮，进入单篇图文的图文详情页面，了解图文信息的"送达""公众号会话阅读""从公众号分享到朋友圈""在朋友圈再次分享""在朋友圈阅读"等转化率数据，图9-3所示为"手机摄影构图大全"的文章——《8种构图，给你不一样的摄影几何之美！》的转化率数据详情。

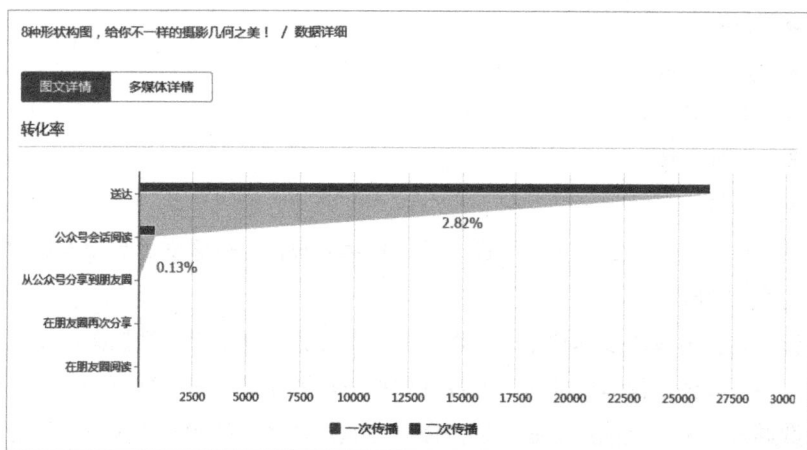

8种形状构图，给你不一样的摄影几何之美！／数据详细

图文详情　　多媒体详情

转化率

送达

公众号会话阅读　　　　2.82%

从公众号分享到朋友圈　0.13%

在朋友圈再次分享

在朋友圈阅读

2500　5000　7500　10000　12500　15000　17500　20000　22500　25000　27500　3000

■ 一次传播　■ 二次传播

▲图9-3　"手机摄影构图大全"的一篇文章的转化率数据详情

在转化率下面，还有"图文页阅读次数""图文页阅读人数"的趋势图，微信运营者可以根据趋势图更加直观地分析在不同的渠道里，这两个数据的总体趋势。

在趋势图下面，是单篇图文的用户分布图，包括两部分：性别比例和机型比例，如图9-4所示。

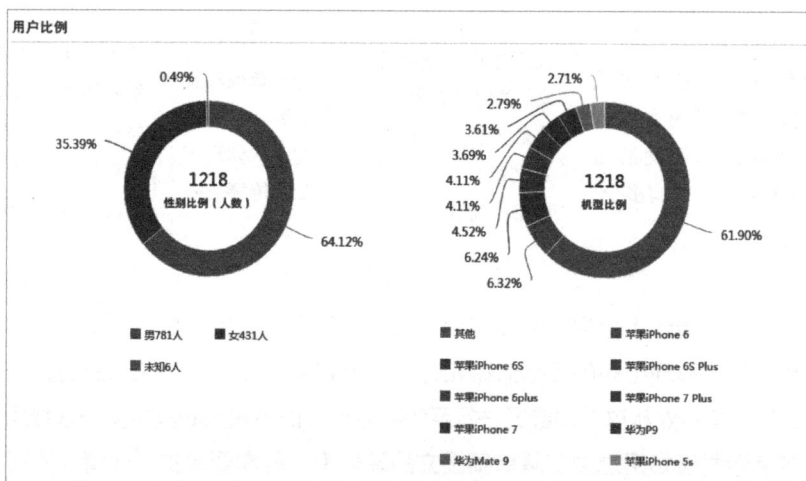

用户比例

0.49%

35.39%

1218
性别比例（人数）

64.12%

2.71%
2.79%
3.61%
3.69%
4.11%
4.11%
4.52%
6.24%
6.32%

1218
机型比例

61.90%

■ 男781人　■ 女431人
■ 未知6人

■ 其他　　　　　　　　　■ 苹果iPhone 6
■ 苹果iPhone 6S　　　　■ 苹果iPhone 6S Plus
■ 苹果iPhone 6plus　　 ■ 苹果iPhone 7 Plus
■ 苹果iPhone 7　　　　 ■ 华为P9
■ 华为Mate 9　　　　　 ■ 苹果iPhone 5s

▲图9-4　"手机摄影构图大全"的用户情况

从图9-4中可以看出，男性用户要多于女性用户，但是差别不大，回顾前面的文章标题——《共享相机也来了，还可以共享摄影技术》，可以发现男性用户多于女性用户在情理之中，因为对相机和摄影感兴趣的人群中男性用户的比例应

该要比女性用户高一点儿。

9.1.4 图文统计之"日报"

微信运营者单击"全部图文"按钮，就能进入"全部图文"分析页面，在这个页面中，后台主要展示了以时间段来划分的图文信息的综合情况，以下主要介绍"日报"信息。

在"日报"中，首先看到的是"昨日关键指标"中的数据内容，图9-5所示为"手机摄影构图大全"的"昨日关键指标"数据，其中图文页阅读次数为2 414次，原文阅读次数为3次，分享转发次数47次，微信收藏人数为19人。

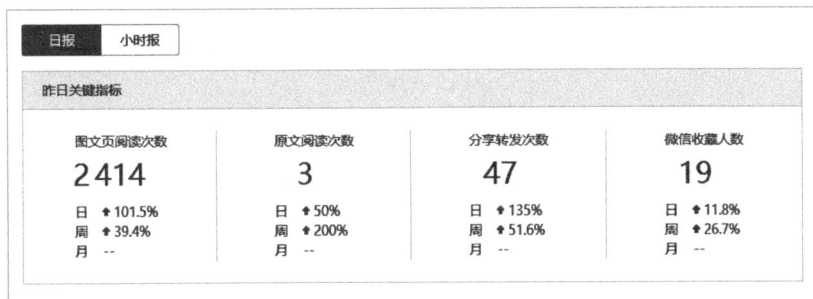

日报	小时报		
昨日关键指标			
图文页阅读次数	原文阅读次数	分享转发次数	微信收藏人数
2 414	**3**	**47**	**19**
日 ↑101.5%	日 ↑50%	日 ↑135%	日 ↑11.8%
周 ↑39.4%	周 ↑200%	周 ↑51.6%	周 ↑26.7%
月 --	月 --	月 --	月 --

▲图9-5 "手机摄影构图大全"的"昨日关键指标"数据

从"昨日关键指标"中可以看出，"手机摄影构图大全"昨日的图文信息中的相关数据，包括图文页阅读次数、原文阅读次数、分享转发次数和微信收藏人数。

同时在各指标的下面，还有以"日""周""月"为计算单位的各百分比对比数据，这些数据可以让微信运营者知道与1天前、7天前和1个月前的百分比变化情况。

微信运营者如果想要知道各个来源或各个时间的具体数据，只要将鼠标指针放在相应的位置就能知道，通过这种方式，微信运营者可以知道"近7天""近15天""近30天"的相关数据，或者自定义时间的相关数据。

运营者如果想要对某些时间的数据进行对比，可以单击右上角的"按时间对比"按钮，如图9-6所示，为2017年12月6日至2018年1月4日，以及2017年11月6日至2017年12月5日的分享转发数据的对比。

在"图文页阅读"下面，能够看到各类渠道的"图文页阅读人数"和"图文页阅读次数"的趋势图，包括以下内容。

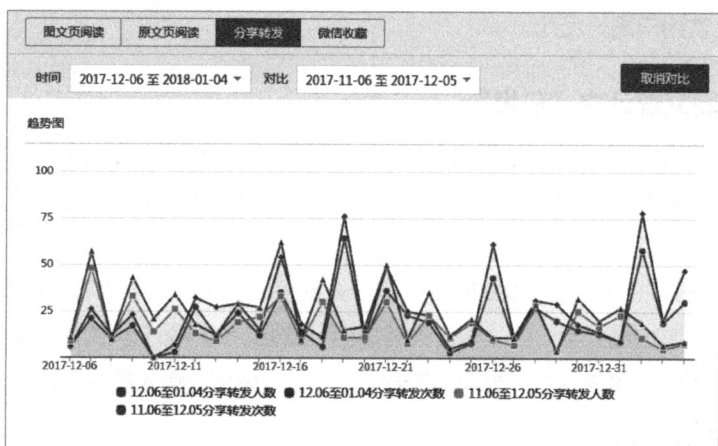

▲图 9-6 数据对比

◆　全部渠道

◆　公众号会话

◆　好友转发

◆　朋友圈

◆　历史消息

◆　其他

图 9-7 为全部渠道的图文页阅读数的趋势图。

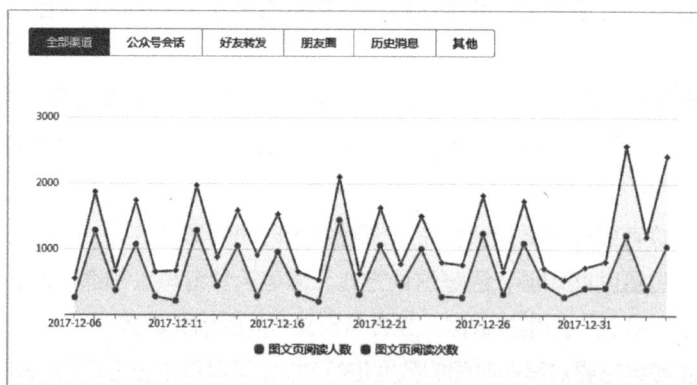

▲图 9-7 全部渠道的图文页阅读数趋势图

　　在"日报"的最下面,有一个数据表格,通过这个表格,微信运营者能够了解不同日期的"图文页阅读""从公众号会话打开""从朋友圈打开""分享转发"和"微信收藏人数"的数据,微信运营者单击右上角的"导出 Excel"按钮,就能导出表格。

9.1.5 图文统计之"小时报"

图文的"小时报"是为了让微信运营者了解每小时的"图文页阅读"的人数和次数的，单击"小时报"按钮，就能进入"小时报"页面，首先看到的是"图文页阅读"的"阅读来源分析"，如图9-8所示。

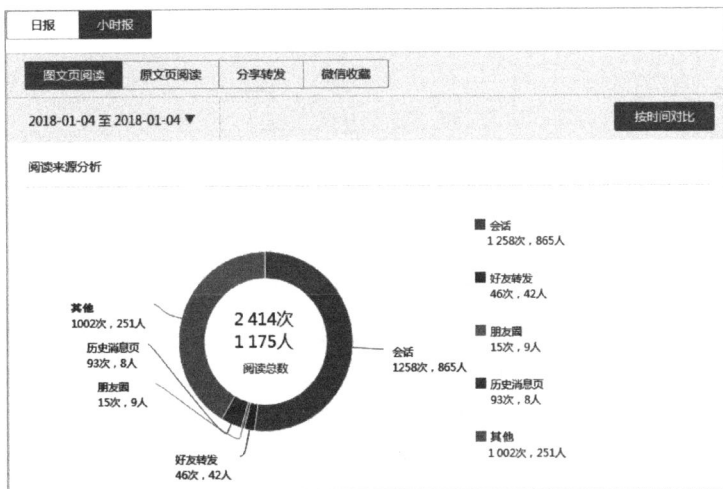

▲图9-8 图文页阅读的阅读来源分析

在"图文页阅读"的"阅读来源分析"后面，和"日报"一样，是"原文页阅读""分享转发"和"微信收藏"的趋势图。图9-9为"分享转发"的趋势图。

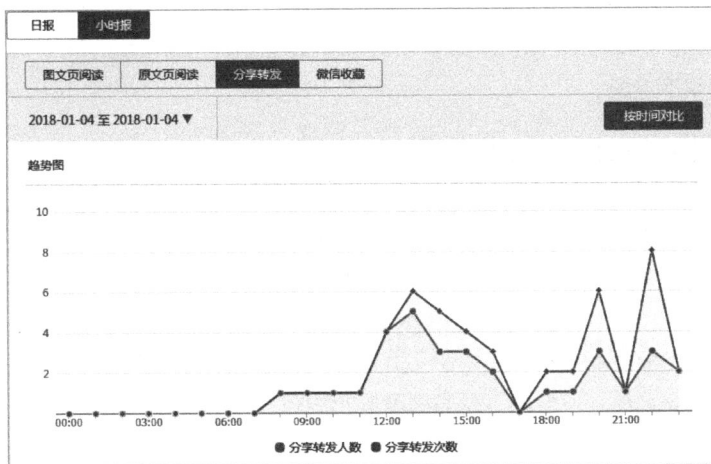

▲图9-9 "分享转发"的趋势图

在"图文页阅读"页面下，是全部渠道的"图文页阅读"的人数和次数的趋势图，如图 9-10 所示。

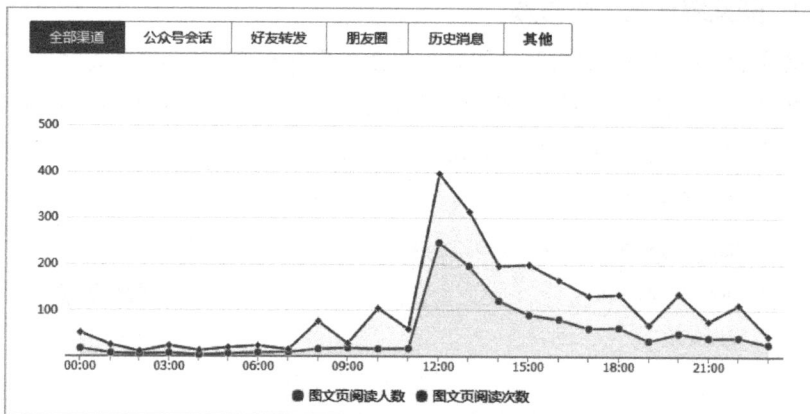

▲图 9-10 全部渠道的"图文页阅读"的人数和次数趋势图

微信运营者可以查看"全部渠道"的"图文页阅读"人数和次数趋势图，也可以查看"公众号会话""好友转发""朋友圈""历史消息"和"其他"各个渠道的"图文页阅读"的人数和次数的趋势图。

在"小时报"的最下面，有不同时间点的"图文页阅读""从公众号会话打开""从朋友圈打开""分享转发"和"微信收藏人数"的数据，微信运营者同样可以单击右上角的"导出 Excel"按钮，就能导出表格。

根据数据抽样的方式，微信运营者可以分析出最合适的发布时间，那么如何进行抽样呢？就是随机地抽取几天，然后分析这几天里，不同的时间点的数据情况，主要分析用户阅读次数和收藏次数等数据，抽样可以多抽几组，能够避免特殊情况导致结果不准确。

9.2 通过新榜平台进行图文分析

不仅微信后台为运营者提供了图文数据，新榜平台也为运营者提供了图文数据。下面，笔者将以"十点读书"公众号为例，给大家介绍新榜平台的图文数据。

9.2.1 新榜各类数据指标

在新榜平台中，包含以下两类很重要的数据。

◆ 发布数据

◆ 阅读数据

发布数据包含发布次数、发布篇数、阅读量大于 10 万的发布篇数、最高阅读数。图 9-11 所示为"十点读书"微信公众号的每天的发布数据。

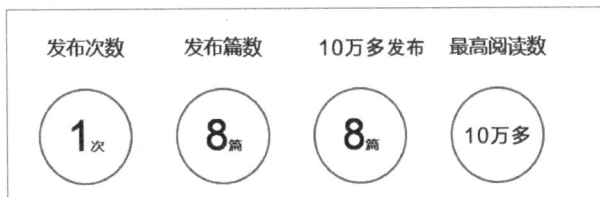

▲图 9-11 "十点读书"微信公众号的每天发布数据

发布次数指的是平台每天群发的次数；发布篇数是指一次发布几篇图文信息；"十万多发布"是指平台发布的信息中每天阅读量大于 10 万的文章的篇数；最高阅读数是指发布的图文信息中，最高的阅读数量。

除了每天的发布数据，新榜平台还提供了连续 7 天的排行情况和发布数据统计图。图 9-12 所示为"十点读书"的统计数据。

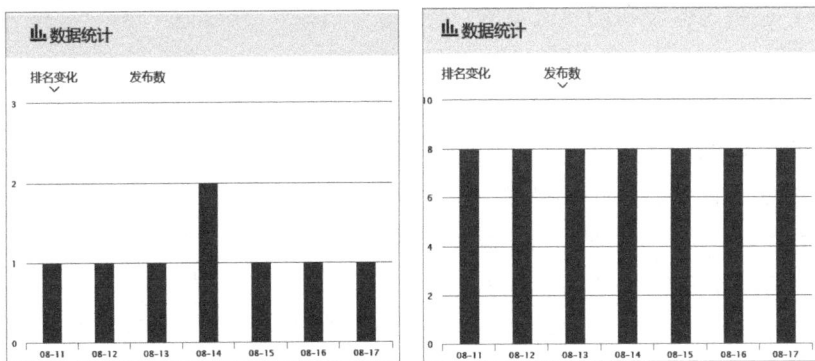

▲图 9-12 "十点读书"微信公众号的 7 日排行情况和发布数统计数据

阅读数指的是平台每天发布图文信息的阅读总数、平均阅读数、头条阅读总数、平均头条阅读数、点赞总数及平均点赞数。图 9-13 所示为"十点读书"微信公众号的阅读数据。

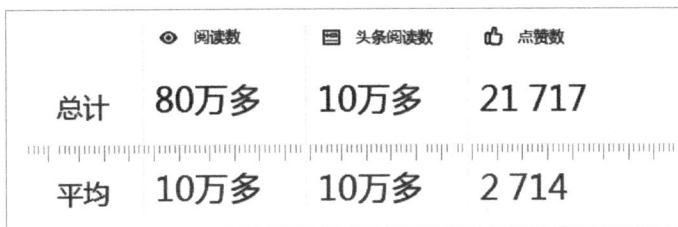

▲图 9-13 "十点读书"微信公众号的阅读数据

除了提供具体的统计数据，新榜平台还给出了连续 7 天的阅读数据统计图，包括总阅读数、头条阅读数、平均阅读数、最高及点赞数。图 9-14 所示为"十点读书"公众号的阅读统计数据。

9.2.2 图文阅读数据分析

运营者不仅要会看数据，还要学会分析数据。在图文阅读数据中，运营者要重点关注连续一个星期内，阅读数据的变化情况，尤其是一个星期内的阅读数比较低的点，运营者需要分析这一天阅读数相对较低的原因，是因为文章的内容不好、标题不好，还是内容没有切中读者的需求。

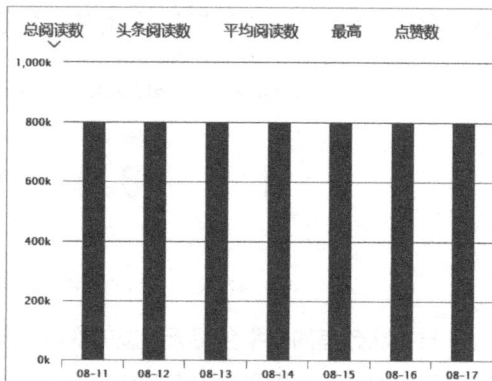

▲图 9-14 "十点读书"微信公众号的阅读数统计数据

除了阅读数，"点赞数"也是运营者需要重点分析的一部分内容，图 9-15 所示为"十点读书"点赞数统计情况。从该图中可以看出，这 7 天中 8 月 14 日获得的点赞数最少，而 8 月 11 日获得的点赞数最多，运营者需要根据这一变化趋势，认真分析每一天的文章对读者的吸引力有哪些，还有哪些地方需要改进。

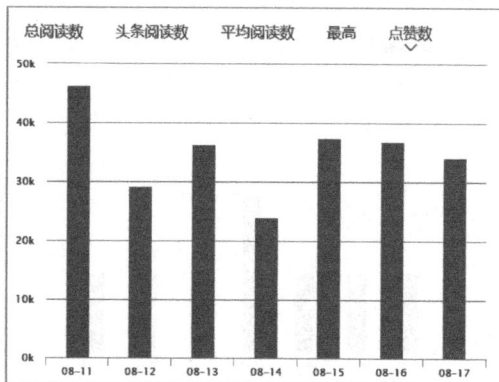

▲图 9-15 "十点读书"微信公众号的点赞数统计情况

9.3 通过清博平台进行阅读分析

在清博指数平台，也有对图文数据的统计内容，运营者可以在清博指数平台查询自己账号的数据，也可以在该平台查看其他平台的数据，作为借鉴，积累经验。下面，依然以"十点读书"公众平台为例，为大家介绍清博平台的简易式数据分析。

9.3.1 清博各类数据指标

清博平台包括以下两大类数据统计。

◆　阅读数据统计

◆　发布数据统计

图 9-16 所示为"十点读书"平台某年 8 月 17 日的阅读数据统计，包括总阅读量、头条阅读量、点赞数和平均阅读量。

▲图 9-16　"十点读书"微信公众号 8 月 17 日的阅读数据统计

同时，清博指数还给出了每个账号的两个星期内的阅读数数据统计图，如图 9-17 所示，图中包括总阅读数、头条阅读数、平均阅读数、点赞数。

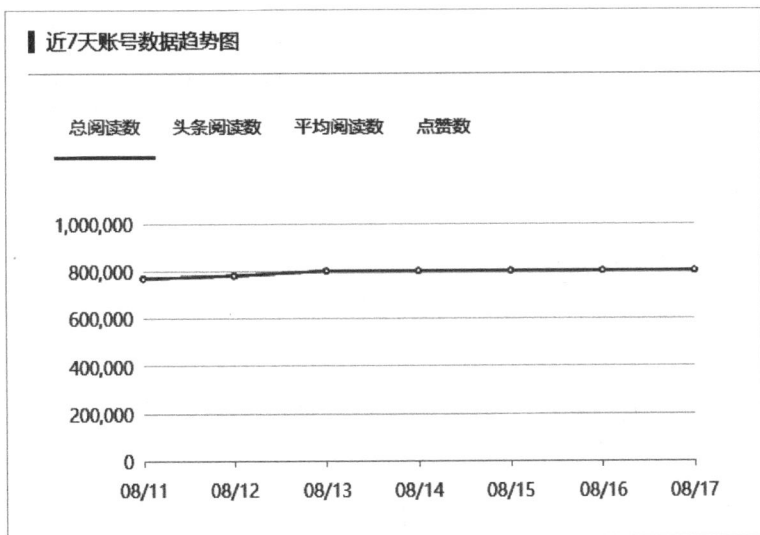

▲图 9-17　阅读数数据统计图

清博针对每一个数据指标，都给出了相应的解释，关于 WCI 数据，清博平台也给出了相应的解释：是通过微信公众号推送文章的传播度、覆盖度和成熟度、影响力来反应微信整体热度和公众号发展走势的数据。同时，清博平台给出了微信传播指数 WCI 的计算公式，如图 9-18 所示。

WCI测算V13.0计算公式如下：			
一级指标及权重	二级指标	二级权重	标准化得分
整体传播力 O （30%）	日均阅读数 R/d	85%	O=85%*ln（R/d+1）+15%*ln（10*Z/d+1）
	日均点赞数 Z/d	15%	
篇均传播力 A （30%）	篇均阅读数 R/n	85%	A=85%*ln（R/n+1）+15%*ln（10*Z/n+1）
	篇均点赞数 Z/n	15%	
头条传播力 H （30%）	头条（日均）阅读数Rt/d	85%	H=85%*ln（Rt/d+1）+15%*ln（10*Zt/d+1）
	头条（日均）点赞数Zt/d	15%	
峰值传播力 P （10%）	最高阅读数 Rmax	85%	P=85%*ln（Rmax+1）+15%*ln（10*Zmax+1）
	最高点赞数 Zmax	15%	

▲图 9-18 WCI 计算公式

发布统计数据其实就是对平台的一个发布情况的统计，图 9-19 所示为"十点读书"公众号的发布统计数据情况。

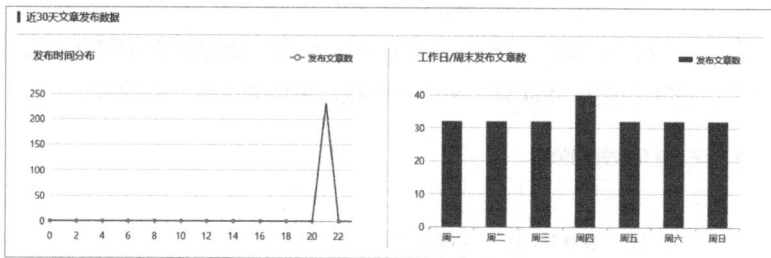

▲图 9-19 "十点读书"微信公众号的发布数据统计情况

9.3.2 清博阅读数据分析

清博的阅读数据分析原理和新榜平台阅读数据分析的原理是一样的，运营者可以对照清博平台上的各数据指标，对每天的图文效果进行分析，如果要查看其他平台的数据，运营者可以通过分析其他平台的阅读数、点赞数等来判断哪些内容更吸引读者，或者学到一些标题、图片、内容运营的技巧。

9.4 通过头条号平台进行文章分析

进入头条号，运营者可以通过"文章分析"功能来分析头条号的数据情况。下面，笔者将以"手机摄影构图大全"为例，为大家讲解头条号的数据分析情况。

9.4.1 头条号文章数据概况

进入头条号，运营者可以在"概况"页面中，查看数据情况，这些数据主要包括以下几项。

- ◆ 推荐量
- ◆ 阅读量
- ◆ 评论量
- ◆ 转发量
- ◆ 收藏量

图 9-20 所示为"手机摄影构图大全"的数据概况。

▲图 9-20 "手机摄影构图大全"的数据概况

从图 9-20 中可以看出，运营者可以根据需要选择 7 天、14 天或 30 天内的总数据统计情况，或者自定义时间来查看相应的数据情况。

在总数据下面，有一个"数据详情"折线图，如果运营者没有选择时间范围，就能够在"数据详情"栏看到前一天的数据详情图，如图 9-21 所示。

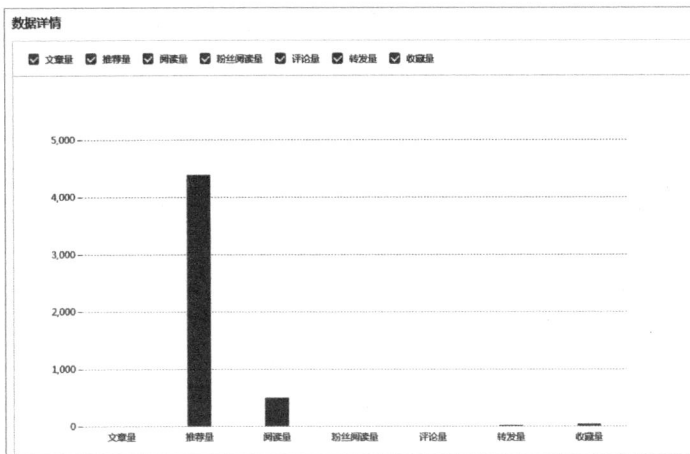

▲图 9-21 前一天的数据详情图

在图 9-21 中可以看到数据详情给出了前一天图文信息的"推荐量""阅读量""评论量""转发量"及"收藏量"。

运营者必须知道，在今日头条平台上，只有有了推荐，才会有人看，因此运营者的一切动作都是为了获得推荐，那么运营者就需要时常对推荐量进行定量、定性的分析，这样才能从中发现问题，吸取经验。

9.4.2 头条号文章数据详情

运营者如果想要对数据进行更为详细的分析，可以单击"文章分析"按钮，进入详情数据分析页面，如图 9-22 所示。

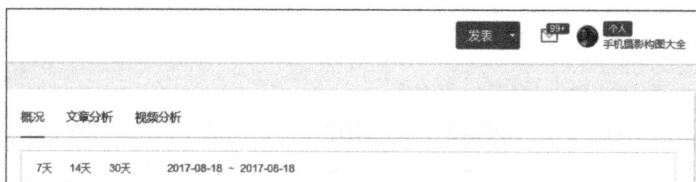

▲图 9-22 详情数据分析页面

在该页面，运营者可以看到，中间一排有时间范围的选择，运营者可以选择查看 7 天内的数据详情、也可以选择查看 14 天或 30 天内的数据详情，或者根据需求自定义时间进行查看。

在选择时间范围栏下，有两个按钮，一个是"单篇"按钮，一个是"整体"按钮，运营者如果想要根据文章来查看数据详情，可以单击"按文章"按钮，图9-23 所示为"单篇"查看的数据详情。

标题	推荐量	阅读量	评论量	宽粉量	收藏量	转发量	操作
摄影大师10句金...	6621	398	1	1	39	4	详细分析
回答读者：10句...	11017	584	4	4	55	7	详细分析
旅游摄影：分享5...	6001	697	0	2	54	32	详细分析
5大经典构图分享...	6557	718	1	2	81	47	详细分析
宝马共享了，单...	21637	2415	4	6	57	12	详细分析
宝马都如共享了...	12915	1120	10	2	8	10	详细分析
修图技巧教学：...	23060	2033	2	6	319	105	详细分析
后期修图：制作...	7976	434	1	1	30	12	详细分析

▲图 9-23 "单篇"查看的数据详情

　　运营者可以查看每篇文章的推荐量、阅读量、评论量等数据，可以单击"导出 Excel"按钮将数据导出来，以方便分析数据。

　　运营者如果想要对每篇文章进行深入的分析，可以单击"详细分析"按钮进入"文章分析"页面，如图 9-24 所示。

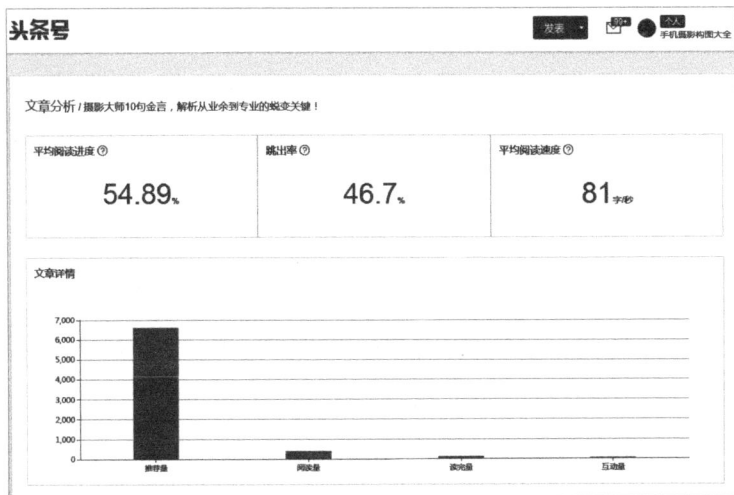

▲图 9-24 对每篇文章进行深入分析

　　在"文章分析"页面，最先看到的就是平均阅读进度、跳出率、平均阅读速度这 3 项数据，今日头条平台对这 3 项数据给出的解释如下。

◆　平均阅读进度：所有的读者对该文章的平均阅读完成度。

◆　跳出率：所有的读者里，阅读进度不足 20% 的读者占比。

◆　平均阅读速度：所有的读者对该文章的平均阅读速度。

第 10 章

粉丝维护：
加强客户体验和互动活动

学前提示 >>>

吸粉拉新是微信公众号运营的重要一环，粉丝维护也是微信公众号运营中必不可少的一环，如果不能维护好吸引来的粉丝，那么吸粉拉新做得再好也是"竹篮打水——一场空"。

本章将介绍微信公众号运营中维护粉丝的方法。

要点展示 >>>

◆ 微信后台消息回复技巧。
◆ 通过其他方式维护客户关系。

10.1 微信后台消息回复技巧

如今微信的功能只增不减，那些没怎么接触过微信的新手面对微信的各种功能会无从下手。以下内容涉及的微信后台操作问题是如何给用户设置微信后台消息自动回复。

微信公众号，尤其是企业微信公众号，设置自动回复是很重要的。因为企业微信公众号要通过自己的微信平台激起用户的兴趣，让用户能够信任并支持该企业微信平台，企业微信平台才能盈利并发展得越来越好。

10.1.1 使用微信后台收到消息回复

在微信公众平台中，"自动回复"功能是一个非常好的功能企业，应该好好利用。通常，自动回复功能有以下 3 种模式。

◆ 被关注回复

◆ 收到消息回复

◆ 关键词回复

笔者在这里主要介绍一下自动回复功能中的收到消息回复这个功能。

设置收到消息回复的主要步骤如下。

步骤 01 登录微信公众后台，在后台操作界面的功能里面有"自动回复"，如图 10-1 所示，单击进去就会跳转到设置自动回复的界面。

▲图 10-1 后台操作界面

步骤 02　单击右边的按钮开启自动回复（大部分都是点进去就是开启的），运营者如果不想用消息自动回复则只需要再次单击按钮。在"自动回复"一栏上方可以看到 3 个设置回复的类别，这就是微信后台的所有回复用户信息模式。图 10-2 所示为"自动回复"界面。

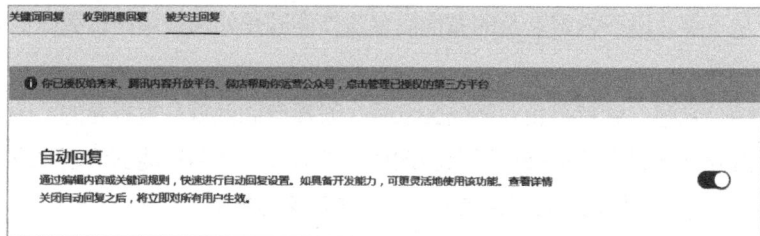

▲图 10-2 "自动回复"界面

步骤 03　进入"自动回复"界面后，单击"收到消息回复"按钮就可以进入"收到消息回复"的设置界面。图 10-3 所示为"收到消息回复"的设置界面。

▲图 10-3 "收到消息回复"设置界面

步骤 04　进入"收到消息回复"的设置界面后，运营者可以根据自己的微信公众号的特点编辑相应的文字、图片、视频及语音形式的自动回复消息。

使用收到消息回复功能需要注意以下两个问题。

◆　收到消息回复最多只能添加 600 字。

◆　收到消息回复有一定的限制，那就是每小时只能自动回复 1~2 条内容。

图 10-4 为收到消息回复的
效果展示图。

一个好的自动回复消息可以
给用户留下好的印象，而有新意
的自动回复消息往往更容易引起
用户的关注。可见自动回复消息
也是一门学问，是否用得好就看
运营者肯不肯用心了。

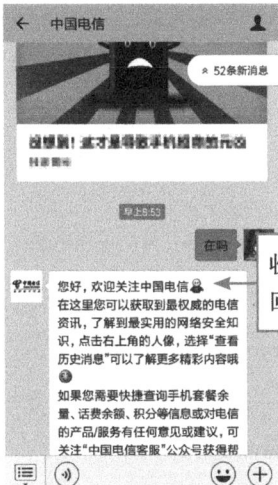

收到消息回复功能是用于
回复用户发送的任何消息

▲图 10-4 收到消息回复效果展示

10.1.2 利用后台关键词回复

任何一个想要做好微信公众
号运营的企业，设置好关键词回
复都是必不可少的工作，关键词回复的作用是，当用户输入关键词时，就会触发
自动回复功能，让用户能够及时了解到自己想要了解的信息。

当添加规则时，需要输入"规则名称""关键字""回复内容"等内容。回
复的形式可以是文字、图片、语音、视频和图文，有关"规则名称""关键字""回
复内容"的规则如图 10-5 所示。

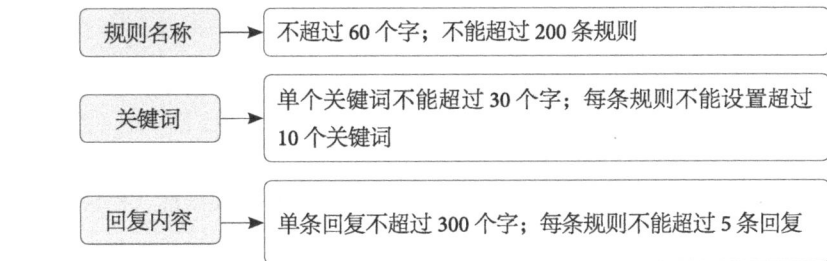

规则名称	→	不超过 60 个字；不能超过 200 条规则
关键词	→	单个关键词不能超过 30 个字；每条规则不能设置超过 10 个关键词
回复内容	→	单条回复不超过 300 个字；每条规则不能超过 5 条回复

▲图 10-5 有关"规则名称""关键词""回复内容"的规则

除了图 10-5 所示的规则，关键词回复还有一定的限制和要点，如图 10-6
所示。

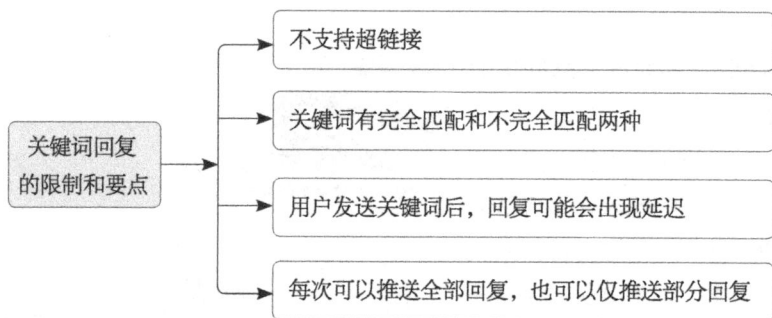

▲图 10-6 关键词回复的限制和要点

设置好的关键词回复也是可以吸引用户关注你的微信公众号的，关键词回复设置与收到消息回复一样，内容形式包括文字、图片、视频及语音形式，形式的多样才是吸引用户的重点。

图 10-7 所示为"关键词回复"添加规则的编辑界面。

▲图 10-7　"关键词回复"添加规则的编辑界面

单击"保存"按钮后，关键词回复就添加成功了。用户如果输入相应的关键词就可以收到该关键词的自动回复内容。

到目前为止，关键词回复的开发空间超乎企业的预计，通过自定义关键词回复接口，用户可以通过输入关键词查看最新活动。

除此之外，很多用户通过自定义回复功能和微信公众号互动功能，提出了大量宝贵的意见。有的企业可以在微信内生成微信贺卡，甚至有部分企业已经实现了微信导航。

10.1.3　后台消息回复也是一种宣传推广

现在很多后台消息回复也开始变得活跃起来了，不再那么中规中矩地只是回

复 "欢迎关注 ×××微信公众号"，因为很多的公众号的消息回复都类似，用户关注的公众号太多，收到的类似的消息也很多，容易产生疲劳感，觉得毫无新意。

其实很多公众号运营者都不知道后台消息回复也可以成为一种宣传推广微信公众号的方式。比如，有很多企业微信公众号，它们的主要目的是宣传自己的企业创立的东西来吸引粉丝，从而实现盈利。

如果想要利用后台消息回复来做好宣传推广，那么后台消息回复的内容需要注意以下问题。

◆ 后台回复的消息不宜太长，最好言简意赅，否则用户可能会看不下去。运营者无论是要宣传，还是要推广，首先都应该从用户的角度看待相关的问题。

◆ 后台回复消息也不能太短，因为你是要宣传推广你自己的微信公众号，如果回复消息太短，可能你并不能很好地向用户讲清楚自己的微信公众号到底是做什么的，里面到底有哪些内容。

◆ 后台消息最好富有新意，不要像那些搞推销的人一样，一股脑地将关于自己的公众号的信息都吐出来，并且要求用户必须关注自己的公众号，这样会让用户感到厌烦，而不能达到宣传推广的效果。

无论是哪个功能，其目的都是宣传推广自己的微信公众号，毕竟粉丝是多多益善的。

笔者关注了很多的微信公众号，发现现在利用后台消息回复来进行宣传推广的微信公众号还真不少，看来利用后台消息回复来宣传推广已然成了一种潮流。

正是因为时代在不断进步，所以宣传推广的方式也随之发展。虽然宣传推广有多种多样的方式，但是新颖程度才是最终决定宣传推广的效果的重要因素。

10.1.4 巧妙回复网友的文章评论留言

文章有人看，自然会有人评论留言，而且每个人思考问题的角度都不一样，对于同一问题的看法和立场也不尽相同。

运营者要回复这些有自己的看法和立场的网友的文章评论留言，其实回复留言的过程也就是与网友互动交流的过程。虽然回复留言比不上彻夜长谈那种细致的交流，但是最起码能够知道会去评论留言的那些人还是对微信公众号很感兴趣的，并且有时还能提出一些有建设性的意见。

网友评论留言是需要得到运营者允许的，运营者编辑图文消息时要注意检查是否开启留言功能，如果没有开启，网友是不能评论留言的。下面，笔者简单地讲解怎样开启留言功能。

步骤 01 进入微信公众号后台，可以在后台的"素材管理、新建图文消息"页面，看到一个"留言"按钮，单击"留言"按钮，如图10-8所示。

▲图10-8 单击"留言"按钮

步骤 02 单击"留言"按钮后，会出现"所有人可留言"和"仅关注后可留言"两个选项，运营者可以根据自己的想法在其中选择一个。在这里笔者选择"所有人可留言"选项，最后单击"保存"按钮，如图10-9所示。

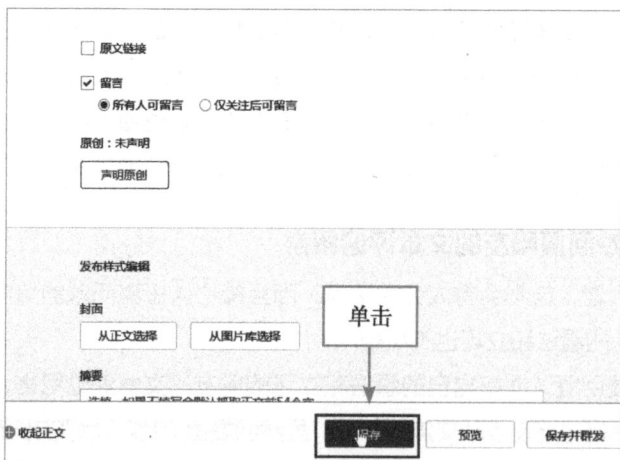

▲图10-9 单击"保存"按钮

留言功能开启后，来看一看如何巧妙回复网友的文章评论留言。

步骤 01 进入"微信公众号后台"，会在左侧的操作菜单栏看到一个"留言管理"按钮，单击"留言管理"按钮，如图10-10所示。运营者可以在这里的"全部留言"中看到每一篇文章的网友的评论留言。

▲图 10-10 单击"留言管理"按钮

步骤 02 进入"留言管理"页面后，单击网友评论留言后面的" ↩ "按钮就可以开始回复网友的评论留言了，最后单击"发送"按钮，即可成功回复网友的评论留言。图 10-11 所示为"回复留言"页面。

▲图 10-11 "回复留言"页面

笔者认为，巧妙回复网友的文章评论留言也是一种宣传推广的方式，通过与网友之间的互动，可以顺便帮自己的微信公众号进行宣传推广。

比如，有网友评论你的哪些东西做得好或写得好，运营者应该要肯定网友，回复一些赞美和鼓励的话。

运营者回复网友的评论留言时要根据不同的留言回复不一样的内容，而且语言风格尽量活跃风趣一点儿，"伸手不打笑脸人"就是这个道理。

10.1.5 设置网友留言精选

一篇文章写出来，好评也有，差评也有。因为文章不一定就是完美的，很多叙事文章都是作者抒发自己内心深处的情感，有时突然有了灵感写出来的东西只是由于当时内心的波动，正是因为如此，不同的读者看后会有不同的感受和想法。

当然，如果是那些比较严肃的文章，如议论文和说明文，这两种都比较官方，内容必须是完全正确的，就像是微信公众号的运营者肯定也是要推荐正确的并且真实存在的东西给用户，如"手机摄影构图大全"微信公众号推荐的肯定就是关于摄影构图方面的知识、技巧与图片。

关注用户多的微信公众号推送出一篇文章后就会马上收到很多用户的评论留言，评论留言里面有好的也有不好的，微信公众平台对于好的评论留言推出了设置网友留言精选的功能。

换一句话说，就是将运营者自己认为是精彩的、好的评论留言给标识出来，方便运营者通过精彩的评论留言中的意见和建议，寻找自己的微信公众号存在的问题，及时加以解决。

那么现在有一个问题，大家要怎么去设置网友留言精选这个功能呢。下面，笔者将进行介绍。

步骤 01 进入微信公众号后台，在左侧菜单栏中单击"留言管理"按钮，即可进入"留言管理"页面，查看最新的网友评论留言，在每一个网友的评论留言的后面有一个星形按钮，单击该按钮后即可成功地设置网友留言精选。

步骤 02 成功设置网友留言精选后，网友的评论留言后面就有一个 ★ 标识。

步骤 03 如果运营者在选择"精选留言"时不小心点错了或是想要将已精选留言撤销，将鼠标指针悬停在 ★ 标识后，会出现一个"取消精选"提示，单击 ★ 标识，即可撤销精选，如图 10-12 所示。

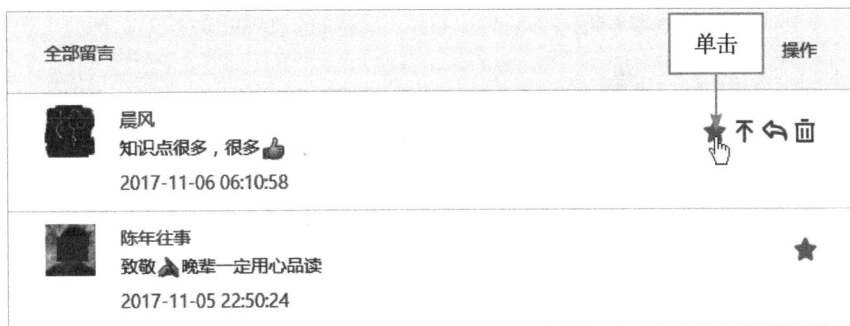

▲图 10-12 撤销精选

10.1.6 使用手机移动端管理后台留言

如今是互联网的时代，走到哪里都离不开互联网，衣食住行都与互联网有关系，购物可以选择淘宝、天猫、京东等平台，快递直接送到家；吃饭可以选择美团外卖、饿了么，外卖同样直接送到家，很是方便。

正是因为处于互联网时代，电子产品的兴起使手机与计算机对人们格外有吸引力，现在大部分人都沦为"低头一族"，笔者也未能幸免。

现在大部分人的时间都花在玩手机上面，相信那些关注微信公众号的用户们应该会在各个微信公众号之间切换，寻找自己想看的信息并发表自己的看法及意见。因此，微信公众号的运营者需要及时管理用户的评论留言，就必须待在计算机旁边。

现在要回到"低头一族"这个问题上来，运营者虽然不可能一刻不离地守在计算机旁边，但是除了计算机，运营者还可以用手机移动端来进行管理，也就是用手机来管理后台的评论留言。

其实使用手机移动端管理后台留言与使用计算机微信公众平台管理后台留言大体相同，当然也是有一点儿不同的。下面，笔者就以"手机摄影构图大全"为例，简单介绍使用手机移动端管理后台留言的相关操作。

步骤 01　登录微信 APP，用手机登录微信公众号的平台，然后会看到一个手机移动端的"微信公众平台"管理页面，如图 10-13 所示。

步骤 02　如图 10-14 所示，可以看到有个留言的图标，单击该图标后，运营者会看到最新的用户的评论留言。

▲图 10-13 手机移动端"微信公众平台"管理页面

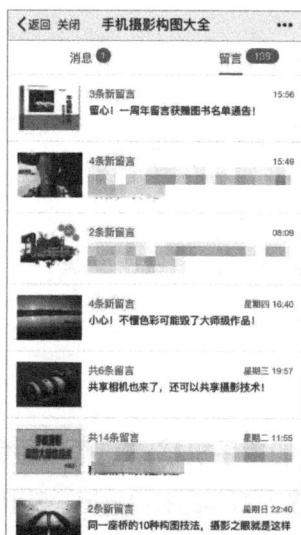

▲图 10-14 "留言"管理页面

在"留言"管理页面上，单击用户的评论留言，也可以进行留言回复，如图 10-15 所示。

在"留言"管理页面单击用户的评论留言，用户头像的左上角有一个"仅看精选留言"的选项，单击这个选项后就只看得到精选留言了，如图 10-16 所示。

▲图 10-15 进行回复留言

▲图 10-16 "仅看精选留言"页面

10.2 通过其他方式维护客户关系

除了微信公众号回复，还有许多其他维护客户关系的方式。下面，为大家介绍常见的 3 种维护客户关系的方式。

10.2.1 创建微信群积攒人气提升互动

相信许多公司的微信公众号都会建一个或多个微信群，也加入了很多的微信群，但如何利用这些微信群去积攒人气，提升与用户粉丝之间的互动，其实很多公众号运营者都没有掌握要领。微信群推广操作起来比较简单，而且不需要多少成本，通过微信群能与用户粉丝达到较好的互动效果，通过微信群你可以找每个群员单独聊天，还可以通过微信群发公众号二维码去宣传你的公众号。利用微信群做宣传积攒人气。

下面，笔者将讲解如何玩转微信群的技巧及加强与粉丝之间的互动，希望对大家能有所帮助。首先，笔者将简单地讲解创建微信群的步骤。

步骤 01 打开微信 APP，进入微信消息的界面，会看到最右上角有个 "+" 标识，单击 "+" 标识，会出来一个包含发起群聊、添加朋友、扫一扫、收付款及帮助与反馈的小菜单，在该菜单中单击 "发起群聊" 按钮，如图 10-17 所示。

步骤 02 执行操作后，会出来一个选择好友的界面，只要在需要邀请的好友后面的小方框中打上勾，然后单击右上角的 "确定" 按钮，就成功创建了微信群。图 10-18 所示为单击 "发起群聊" 按钮后选择好友的界面。

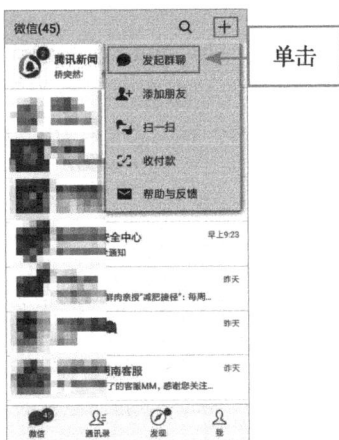

▲图 10-17 单击 "发起群聊" 按钮　　▲图 10-18 选择好友的界面

步骤 03 成功创建微信群后，使用者可以取一个与自己的微信公众号类似的

名字，这样用户粉丝能够知道自己加入的是个什么样的微信群，使用户粉丝比较能够接受加入微信群。以"业务需求平台"微信公众号为例，其粉丝群的名称中就写明了"业务需求"，如图 10-19 所示。

有了微信群后，公众号运营者就可以通过微信群来积攒人气并提升与用户粉丝之间的互动了。

比如，运营关于文字方面的微信公众号的运营者，那么就可以在微信群里与用户粉丝交流一下关于文字方面的问题，或者在微信群里面分享你的微信公众号里面的文章。运营者要学会随机应变，要及时解决用户提出的问题，要让用户感受到热情。

笔者在这里分享一下玩转微信群的技巧，要将微信群看成圈子：想说什么就说什么，将粉丝都当成好友。具体方法如下。

◆ 备足几个活跃分子：让他们每天都能带动群里面的气氛，不至于冷场。

◆ 按时进行价值输出：微信公众号时不时会搞一些线下活动，运营者也可以在群里面宣传一下，偶尔在群里发红包，让群成员感受到这个群的价值。

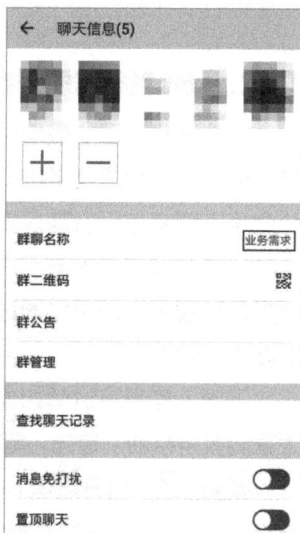

▲图 10-19 "业务需求"微信粉丝群

◆ 每天按固定时间互动：运营者可以每天按固定时间与群成员一起互动聊天，了解群成员的动向。

◆ 重视积累互动数据：与群成员（即粉丝）互动时间越多，关系就会越好。

◆ 多传递有价值的干货内容：比如，关于手机摄影构图的微信公众号的运营者就可以多给群成员推荐有实用价值的摄影构图方面的图书、光盘等内容。

10.2.2 建立群规以免粉丝被同行吸走

创建微信群的目的就是巩固粉丝群，在微信群中积攒人气，与粉丝互动。但是你的微信公众号不可能是独有的，总有其他的微信公众号和你的微信公众号相近，那么运营者应该考虑如何使自己的粉丝不被同行吸走。

如果同行积攒人气的方式比你的更有吸引力，那么你的粉丝就会放弃你的微信公众号，选择一个更好的微信公众号。

企业与企业之间的竞争也不外乎于此，所以创建了微信群后，运营者最好建立一些让用户无法抗拒的群规，让用户可以老老实实地留在你的微信群，而不会因为你的同行的诱惑而离开你的微信群，创建群规后可以很好地约束粉丝用户，俗话说"没有规矩，不成方圆"。

一个好的微信群，是必然能为用户粉丝带来利益的，如果不能为用户粉丝带来利益，想必用户粉丝也不会继续留在这样的微信群——没有人会喜欢那种死气沉沉的群。

现在的微信公众号大部分都是属于企业类型的微信公众号，大家一看就知道哪些是企业微信公众号，因为这些微信公众号肯定是用来宣传、推广自己企业的产品及服务的，所以其推送的内容也大多与此相关。

大部分企业创建微信公众号肯定是为了盈利，那么一个很重要的因素就是粉丝用户，因此要使微信公众号足够吸引粉丝用户的注意力。如果没有足够的吸引粉丝用户的能力就需要创建微信群，并为其建立使粉丝用户不离开微信群的群规，只有这样才能将微信群的价值都体现出来。

因此，微信群对于企业的微信运营者来说，价值是很可观的，如图 10-20 所示。

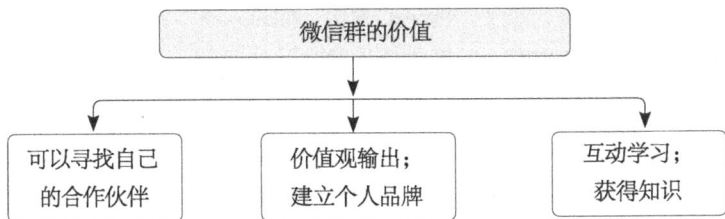

▲图 10-20 微信群的价值

那么要建立些什么群规才能约束粉丝，让粉丝自愿留在你的微信群而不受到你的同行的诱惑、让你的微信群发挥最大的价值呢？下面，笔者将举例分析建立群规的相关内容，具体内容如下。

◆ 为了便于快速相互认识，应要求群员统一改群名片，可以由运营者确定格式，笔者在这里以"姓名＋地区"的群名片为例，如"张三＋湖南"。

◆ 在群里可以发布分享消息，如实用内容、自己的原创文章。

◆ 在群里发布帮忙转发的文章需要注明，并发不少于 100 元的红包。

◆ 群里不定时发放红包，群员不能只是为了来抢红包、不发红包了又退群。

◆ 运营者要多分享关于自己微信公众号的文章及有实用价值的干货内容，让粉丝能够知道你的微信公众号确实有实用价值，这样粉丝才会不想离开，想留下来交流学习。

◆ 进群后每个人要缴纳不少于 10 元的群费，群费会在每个成员加群两个月后双倍返还，如果中途退群就不予返还。

◆ 群员在群里发布的消息必须健康，否则会引起其他群成员的不满，从而降低微信群的质量，引起误会。

◆ 群里要定期举行活动，如"线上活动"和"线下活动"，线上活动可以是有奖竞猜之类的，线下活动可以是关于吃喝玩乐之类的，只要是可以吸引粉丝的都是好活动。这样就能促进运营者与粉丝之间的互动，培养有质量的粉丝。

其实笔者讲的这些群规只是些皮毛，但是笔者相信广大运营者看完后心里应该已经有了一套属于自己的群规，并且会把粉丝套得牢牢的，不给其他同行任何来圈粉的机会。

10.2.3 通过线下沙龙提升粉丝

线下沙龙活动主要是针对某个圈子里面的人来开展的活动，因为来参加线下沙龙活动的人一般不多，是一个很小的圈子，而且大家互相不都是认识的，自愿结伴而行，三两个人扎堆在一起自由谈论某方面的话题，各抒己见，这样的线下沙龙活动能笼络很多粉丝。

运营者最好是开展关于自己微信公众号圈子的沙龙活动，这样不仅能吸引更多的新粉丝，而且还可以提升老粉丝对微信公众号的黏性，使自己的微信公众号日益壮大。

笔者在这里给广大运营者介绍一下沙龙活动具有哪些特点，如图 10-21 所示。

微信运营者在举办沙龙活动，进行线下引流前，需要明确几点内容。下面，笔者就对这些内容进行简单的介绍。

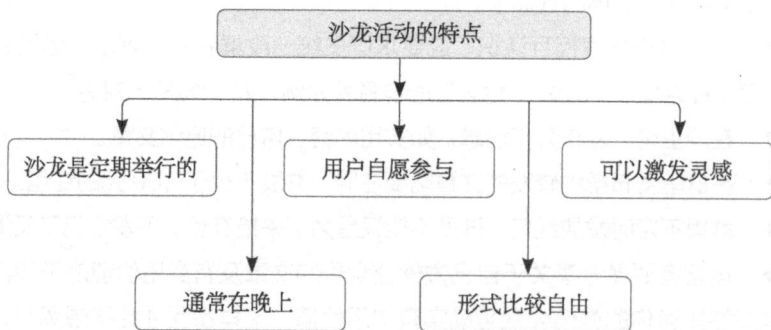

▲图 10-21 沙龙活动的特点

1. 符合自己及粉丝的兴趣

运营者要举办符合自己及粉丝的兴趣的沙龙,因为只有运营者和粉丝都喜欢的线下沙龙活动才能更好地使运营者与粉丝进行互动,不会出现粉丝不喜欢于是无法通过线下沙龙活动很好地交流,使举办沙龙活动事半功倍,使活动效果更好。

2. 和平台有一样特色

运营者应举办符合自己的平台特色的沙龙活动,这样的沙龙活动比较有特色,而且可以明确地告诉别人"我就是来借助这个沙龙活动吸引粉丝并且提升粉丝的黏性的",这样运营者才能成为焦点,吸引目标人群。

3. 和微信公众号产品匹配

引流除了看数量,更看质量,要选择和经营产品匹配的沙龙,因为这样会使沙龙活动更加正式,最后活动所收到的效果会完全不同。如果比较正式,粉丝的质量相对会高得多,这样吸引的粉丝会更精准。

所以说,运营者要为自己的微信公众平台引流,既要从自己平台的特色和性质出发,也要从用户粉丝的兴趣出发,只有这样才能满足粉丝用户的需求,使自己的平台越办越好。

微信运营者应该知道,为平台引流的目的是让更多的潜在客户转换成目标客户,要做到这一点,就一定要清楚以上提到的几点,这是进行线下引流的前提,有目标地进行引流,才能得到好的效果。

举办线下沙龙还有一些技巧,如图 10-22 示。

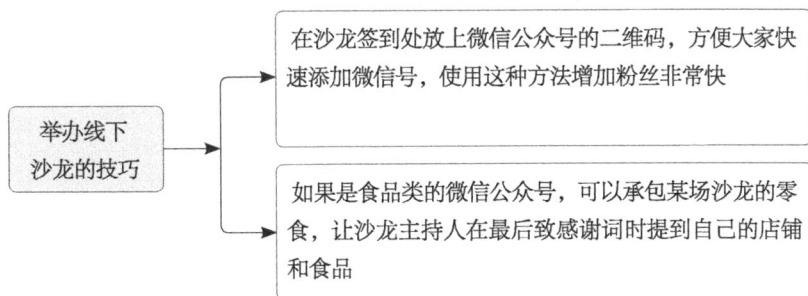

▲图 10-22 举办线下沙龙的技巧

第11章

商业盈利：
让用户掏钱付费的方式

学前提示 >>>

　　在介绍了微信公众号运营的内容雕琢、排版、吸粉、导流等基础知识与操作后，本章将讲解微信公众号盈利的相关内容。

　　本章笔者主要介绍微信公众号运营的一些使用户掏钱付费的方式，以帮助运营者收获利益。

要点展示 >>>

◆ 新媒体平台常见的付费方式。
◆ 让用户付费的其他方式。

11.1 新媒体平台常见的付费方式

获得收益是每一个新媒体平台运营者的最终目的，也是运营者付出努力应该得到的回报。下面，笔者将以微信公众平台为例，为大家介绍新媒体平台运营的九大主流付费方式，帮助大家能够收获自己的成果。

11.1.1 软文广告付费

软文广告是指微信公众平台运营者在微信公众平台或其他平台上以在文章中软性植入广告的形式推送文章。

在文章中软性植入广告是指文章里不会直白地夸产品有多好的使用效果，而是选择将产品渗入文章情节中，在无声无息中将产品的信息传递给消费者，从而使消费者能够更容易接受该产品。

软文广告形式是广大微信公众平台运营者使用比较多的盈利方式，通过这种方式获得的效果是非常可观的。

11.1.2 流量广告付费

流量主功能是腾讯为微信公众号量身定做的一个展示推广服务，主要是指微信公众号的管理者将微信公众号中指定的位置拿出来给广告主打广告，然后收取一定的费用。图11-1所示是"手机摄影构图大全"为"秋叶PPT"发布的流量广告。

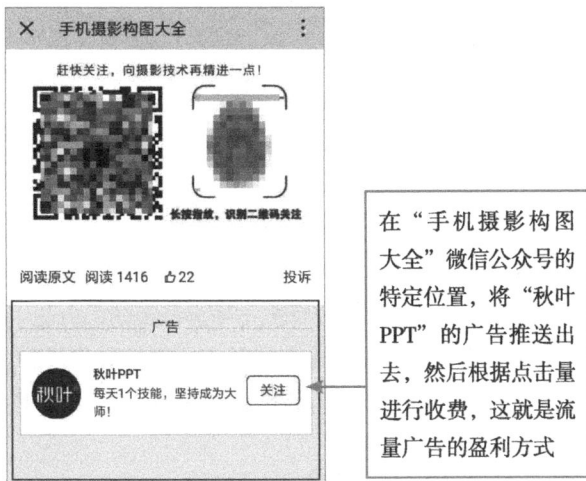

在"手机摄影构图大全"微信公众号的特定位置，将"秋叶PPT"的广告推送出去，然后根据点击量进行收费，这就是流量广告的盈利方式

▲图11-1 "手机摄影构图大全"为"秋叶PPT"发布的流量广告

11.1.3 微商代理付费

传统的微商招代理，通常是通过微信朋友圈或微信群，其实利用微信公众平台也可以招代理，微商招代理是一种比较"反常规"的商业模式，为什么说它"反常规"？

因为微商招代理既能够让代理交钱，还能够让代理专注地为公司做事，通常微商招代理入门都要缴纳一定的入门费用，其实这笔费用并不是无偿的，通常来说，代理缴纳费用后，公司会为代理提供相应的产品、培训及操作方法。

11.1.4　平台订阅付费

付费阅读也是微信运营者用来获取盈利的方式之一，它是指微信运营者在平台上推送一篇文章，订阅者需要支付一定的费用才能够阅读该文章。付费阅读，同付费会员有一个共同之处，就是能够找出平台的忠实粉丝。但是，需要注意的是，微信运营者如果要实施付费阅读，就必须确保推送的文章有价值，否则就会失去粉丝的信任。

11.1.5　点赞打赏付费

为了鼓励优质的微信公众号内容，微信公众平台推出了"赞赏"功能，由于还在公测期间，因此只有部分公众号能够开通"赞赏"功能，开通"赞赏"功能的微信公众号必须满足图 11-2 所示的条件。

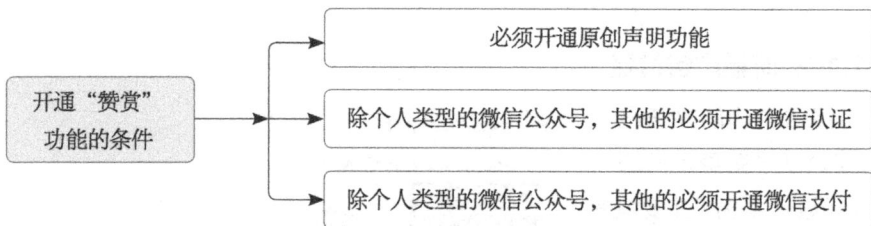

▲图 11-2 开通"赞赏"功能的条件

企业想要使自己的微信公众号开通这一功能，就需要经历以下两个阶段。

◆　第一个阶段是坚持一段时间的原创后，等到微信公众平台发出原创声明功能的邀请，企业就可以在后台申请开通原创声明功能了。

◆　第二个阶段是企业在开通原创声明功能后，继续坚持一段时间的原创，等待微信后台发布赞赏功能的邀请，此时企业就可以申请开通赞赏功能了。

11.1.6　增值插件付费

增值插件指的是，微信运营者在公众平台上利用自定义菜单栏的功能添加微店、淘宝店铺、天猫等可以购买产品的地址链接，或者直接在文章内添加购买产品的链接，以此引导粉丝购买产品的盈利方式。运营者采用这种盈利方式的前提是自己拥有微店、淘宝、天猫等店铺，或者是与其他商家达成了推广合作的共识，在自己的公众号平台上给合作方提供一个链接，或者在推送的文章中插入合作方的链接。

添加增值插件这种盈利方式，很多微信公众平台都有使用，如"凯叔讲故事""罗辑思维"等微信公众平台。

11.1.7 付费会员付费

招收付费会员也是微信公众平台运营者获得收入的方法之一，最典型的例子就是"罗辑思维"微信公众号，"罗辑思维"推出的付费会员制如图 11-3 所示。

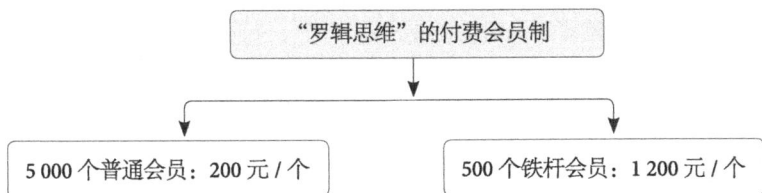

▲图 11-3 "罗辑思维"的付费会员制

普通会员是 200 元 / 个，而铁杆会员是 1 200 元 / 个，这个看似不可思议的会员收费制度，其名额却在半天就售罄了。

> **专家提醒**　"罗辑思维"为什么能够做得这么出色，主要是"罗辑思维"运用了社群思维来运营微信公众平台，将一部分属性相同的人聚集在一起，就形成一股强大的力量。

"罗辑思维"在初期的任务也主要是积累粉丝，通过各种各样的方式来吸引用户，如图 11-4 所示。

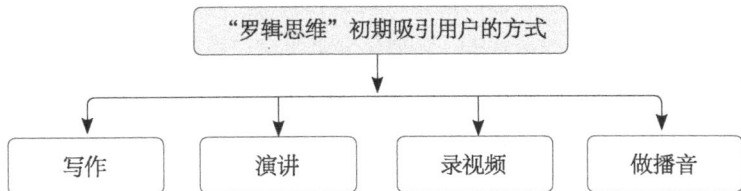

▲图 11-4 "罗辑思维"初期吸引用户的方式

等粉丝达到了一定的数量，"罗辑思维"便推出了招收收费会员制度，"罗辑思维"招收会员其实是为了设置更高的门槛，留下高忠诚度的粉丝，形成纯度更高、效率更高的有效互动圈。

11.1.8 电商盈利付费

微信的浪潮已经席卷了各个行业，电商行业也不可避免。在微信平台上也依然适用，而且相比传统模式，微信营销会更具有优势。

微信平台的便捷化，使微信公众平台运营者的脚步迈得越来越大，目前已经有不少电商巨头企业投入微信公众平台营销的大潮中。

11.1.9 APP 开发付费

APP 开发付费，是指微信运营者开发自己专属的 APP，将平台的粉丝引到自己的 APP 上，从而获得盈利的方式。

有很多的微信运营者都有自己的平台的 APP，如简书公众平台的 APP、聚美优品的 APP 等。这些公众平台都能够通过 APP 和公众平台结合的方式，获得更多的关注度与收益。

11.2 让用户付费的其他方式

新媒体运营者想要利用微信公众平台赚钱，除了了解主流的微信公众平台的付费方式，最好还要掌握几种有特色的微信公众号付费方式。

下面，笔者将为大家介绍微信公众平台的 6 大特色付费方式。

11.2.1 出版图书付费

图书出版付费，主要是指微信公众平台在某一领域或行业经过一段时间的经营，拥有了一定的影响力或一定的经验后，将自己的经验进行总结，然后进行图书出版以此获得收益的盈利模式。

微信公众平台采用出版图书这种方式获得盈利，如果平台运营者本身有基础与实力，那么收益还是很可观的，如微信公众平台"手机摄影构图大全""凯叔讲故事"等都有采取这种方式去获得盈利，效果都比较可观。

如图 11-5 所示，是微信公众平台"手机摄影构图大全"策划的一个与手机摄影相关的图书出版活动。

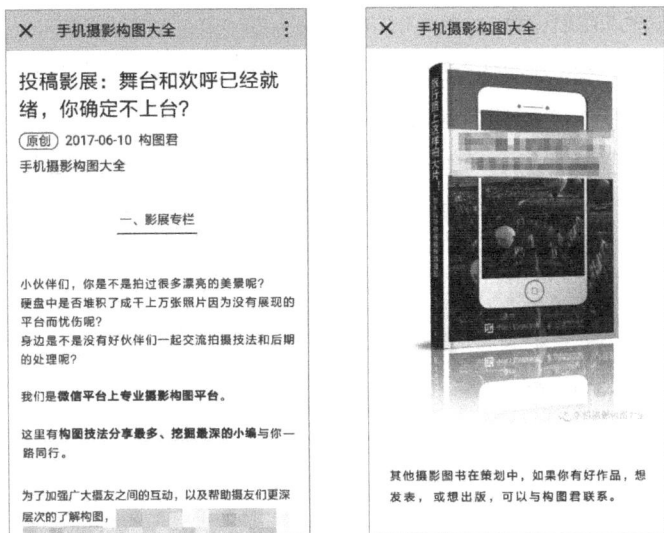

▲图 11-5 "手机摄影构图大全"微信公众平台上图书出版的案例

11.2.2 代理运营付费

一些企业想要尝试新的营销方式，这又给了创业者一个机会。有些微信公众账号已经在营销上小有成就，掌握了一定经验和资金，这些账号开始另找财路，帮助一些品牌代理运营微信。

现在的微信公众平台有很多粉丝过百万的独立账号，这些账号的粉丝基本上是通过微信代理运营这一模式，依靠以前在微博上积累的用户转化过来的。如图11-6 所示，为微信代理运营的模式。

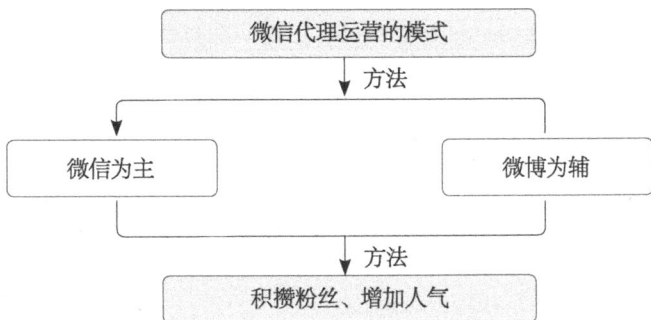

▲图 11-6 微信代理运营的模式

11.2.3 冠名赞助付费

冠名赞助，指的是微信运营者在公众平台上策划一些有吸引力的活动，并设置相应的活动赞助环节，以此来吸引一些广告主的赞助。

通过这种方式，运营者可以获得一定收益，提高粉丝对活动的关注度，同时能够为赞助商带去一定的话题量，是一种共赢模式。

11.2.4 线下聚会付费

某个微信公众号如果拥有一定数量的粉丝，同时是本地类的，那么可以通过线下聚会活动的形式获得盈利，具体做法如图 11-7 所示。

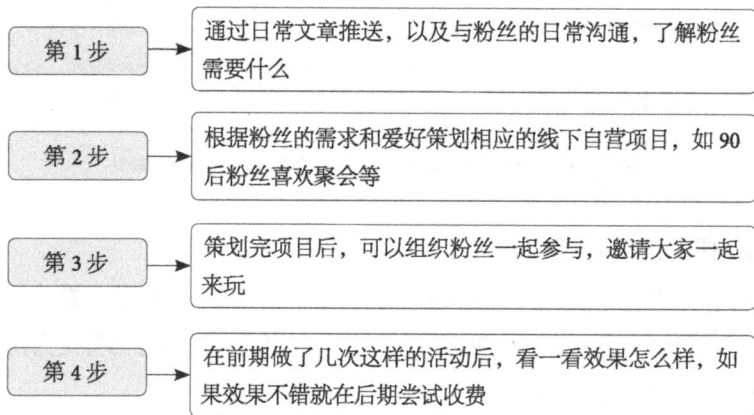

第1步	通过日常文章推送，以及与粉丝的日常沟通，了解粉丝需要什么
第2步	根据粉丝的需求和爱好策划相应的线下自营项目，如 90 后粉丝喜欢聚会等
第3步	策划完项目后，可以组织粉丝一起参与，邀请大家一起来玩
第4步	在前期做了几次这样的活动后，看一看效果怎么样，如果效果不错就在后期尝试收费

▲图 11-7 线下聚会的盈利方式

11.2.5 在线教学付费

线上培训是一种有特色的盈利方式，也是一种效果比较可观的盈利方式。微信运营者如果要开展线上培训，首先需要在某一领域比较有实力和影响力，这样才能确保教给付费者的东西是有价值的。

采用线上培训这种盈利方式的公众号中，做得不错的微信公众号有"考虫四六级"。"考虫四六级"是一个为广大大学生及想学习英语的群体提供培训的公众号，它有自己的官方网站和手机 APP。"四六级考虫"公众号上的课程分为收费和免费两种，不同的课程其价格也不一样。

11.2.6 引流网站付费

网站推广，指的是微信公众平台运营者借助网络上一些比较主流的推广网站获得流量，为公众平台引入更多的粉丝，从而实现盈利的方式。

在前面的内容中，笔者已经介绍了很多可以用来引流的网站及引流的方法，在这里笔者就不重复叙述了。

第 12 章

付费案例：
合作运营的具体操作手法

学前提示 >>>　　在第11章介绍了几种运营者可以采用的付费方式后，本章笔者将以其中的软文广告和图书出版为例，用实际操作案例为大家介绍运用软文广告和图书出版获利的方法。

要点展示 >>>
◆ 付费案例：软文广告的操作手法。
◆ 付费案例：图书出版的操作手法。

12.1 付费案例：**软文广告的操作手法**

软文广告，是目前新媒体运营领域中使用比较广泛，并且效果不错的一种新媒体盈利方式。在软文广告操作过程，主要可以分为6个步骤，如图12-1所示。

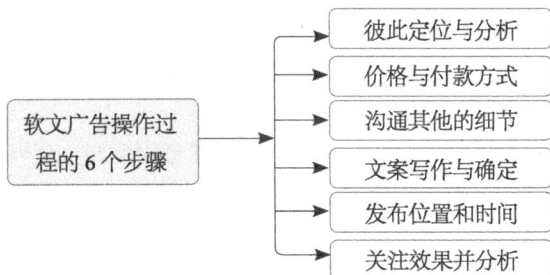

▲图12-1 软文广告操作过程的6个步骤

12.1.1 **彼此定位与分析**

软文广告操作的第一步是进行定位与分析。定位指的是，广告主与媒体人进行双方之间的定位与分析。既然是双方定位，那么就需要从以下两个角度来考虑。

1. 广告主

从广告主的角度来看，当广告主来找运营者，打算在运营者的公众平台上投放广告时，那么广告主就需要考虑以下5个方面的内容，如图12-2所示。

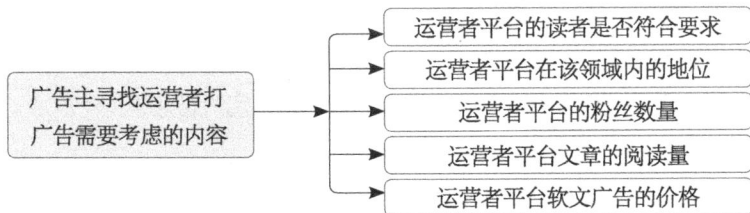

▲图12-2 广告主寻找运营者打广告需要考虑的内容

下面，将对这5个方面具体分析。

（1）运营者平台的定位是否符合要求

广告主在寻找公众平台运营者时，需要了解对方平台的定位是否符合自己的广告的要求。

广告主对运营者公众平台定位可以从以下几个方面考虑。

◆ 运营者平台的运营方向定位。广告主在找公众平台运营者打广告时要定位运营者平台的运营领域，如广告主给自己的摄影方面的《手机摄影大全——轻松拍出大片味儿》打广告，那么广告主找的公众号就必须是手机摄影这一领域的。

◆ 运营者平台的读者定位。广告主在找公众平台打广告时还要考虑对方平台上的读者是否符合自己要求，例如，广告主给自己的摄影方面的《手机摄影大全——轻松拍出大片味儿》打广告，因为这本书主要讲的是手机摄影，而手机摄影在年轻群体中比较受欢迎，那么就必须考虑对方平台上读者大致的年龄范围、男女比例等方面。

◆ 运营者平台的服务。广告主在考虑运营者平台时，还要考虑运营者平台的服务，选择一家服务质量好、服务周到的公众平台，能够为后期广告活动中一系列的事情减少麻烦。

（2）运营者平台在该领域内的地位

广告主在寻找公众平台运营者打广告时，还要考虑运营者的公众平台在该领域内的地位，寻找有影响力的平台，广告效果会更好。

（3）运营者平台的粉丝数量

广告主选择打广告的微信公众号时，首先需要了解对方公众号平台上目前的粉丝数量，广告主可以从两个方面去了解：一是公众号平台运营者给出的粉丝数据，二是通过相关的数据查询网站去查询。

广告主一定要确定运营者公众平台数量的多少，因为这决定了广告主的投放广告的传播范围，也在一定程度上决定了最终能获得的广告效果。

（4）运营者平台文章阅读量

平台的粉丝数量不一定完全决定了广告效果的好坏，广告主还需要考虑平时对方平台上文章的阅读量，文章的阅读数量会真正决定广告被看见的次数。

（5）运营者平台软文广告的价格

广告主选择打广告的公众号时，还需要考虑对方平台所需要的广告费用，广告费的多少受到多方面的影响。

2. 运营者

从运营者的角度来看，当有广告主找自己打广告时，运营者也需要进行以下两个方面的考虑，才能决定是否接下对方的广告。

（1）广告主投放广告的主体是否符合自己的平台

运营者在接广告时，要考虑对方的广告是否适合在自己的平台上进行广告，如果广告主的广告的主体并不适合自己的平台，那么就不能获得好的广告效果，导致广告主不满意，这对运营者平台以后接广告会有一定的影响。

例如，运营者的公众平台是"手机摄影构图大全"，是一个传递手机摄影、构图技巧的平台，那么平台的粉丝绝大部分都是对摄影感兴趣的，可是广告主的广告却是金融、理财方面的东西，那么广告效果可能就不会很理想。

（2）广告主对广告效果的要求

运营者接广告时，要先了解广告主对广告后期的效果要求是什么，然后判断广告主的效果预期是否合理，如果广告主对广告效果预期极高，那么运营者就需要认真考虑是否接下广告主的广告。

12.1.2 价格与付款方式

当广告主公众平台运营者经过对彼此的定位和分析后，确定了合作关系，那么双方就需要进行广告价格和付款方式的商谈。

1. 广告价格

笔者在这里以广告主给自己的《手机摄影大全——轻松拍出大片味儿》在公众号"手机摄影构图大全"上打广告为例。广告主在公众号上打广告的价格是受到以下因素影响的。

（1）公众号的粉丝数量

一般来说，公众号收取广告费是按每万粉丝定价格，公众平台粉丝数越多，广告主总共需要花的广告费就会越多。

比如，公众号"手机摄影构图大全"将其每万粉丝的广告费定为 200 元 / 次，而该平台总共拥有 20 万粉丝，那么广告主在该平台上为《手机摄影大全——轻松拍出大片味儿》打一次广告就需要花费 4 000 元。

（2）在公众号上投放广告的位置

一般来说，广告主在运营者的平台上不同的位置投放广告，运营者收取的广告价格费用也不一样。

例如，公众号"手机摄影构图大全"将其平台头条的广告价格定为每万粉丝 300 元，第 2 条每万粉丝 200 元，其他位置每万粉丝 150 元，那么广告主选择不同的位置投放广告总共要花费的价格也就不一样。

> **专家提醒**　投放广告的位置不一样，收取的广告费不一样，是因为不同位置的文章的阅读量会不同，广告信息传递的范围就会不一样。一般来说，公众号上头条的阅读量会比非头条的阅读量大，所以头条收取的广告费会比非头条要高。同时，双方还需要确定广告价格是否含税。

广告主需要对市场上公众号收取广告费用这个方面有一定的了解，如图 12-3 所示，是市场上一些公众号收取广告费用的情况。

账号信息			非餐饮客户		餐饮类客户		其他		
微信公众号名称	微信号	11月1日粉丝数(万)	多图1广告(元/条)	多图3、5	多图1	多图3、5	非头条：第2-5条尾部图片广告价(元/图)	头条：尾部图片广告价(元/图)	内容发布时间
		138.3	50000	31000	38000	25000	暂不接	暂不接	中午11:30-12:00
		视频提价			40000	30000			
		28.5	6000	4500	4500	3000	4000	2000	下午17:30-18:30
		119.2	38000	20000	20000	15000			下午17:30-18:30
		30.6	5000	3500			暂不接	暂不接	
		112.4	33000	20000	24000	12000			中午11:30-12:00
		129.5	35000	20000	24000	12000			下午17:30-18:30
		14.4	4500	3000			2600	1000	中午11:30-12:00
		87.8	35000	20000	24000	15000	暂不接		下午17:30-18:30
		11.1	5000	2500					
		68.1	18000	12000	12000	8000	10000	7000	下午17:30-18:30
		64.7	20000	15000	15000	12000	10000	7000	中午11:30-12:00
		68.6	15000	10000	12000	8000	9000	6000	晚上19:30-21:00
		48.2	12000	8000	7500	6000	8000	5000	下午17:30-18:30
		45.8	18000	12000	12000	8000	8000	5000	下午18:00-18:30
		46.3	12000	8000	7000	5500	8000	5000	下午17:30-18:30
		44.5	15000	10000			8000	5000	下午17:30-18:30
		38.4	8000	6500			8000	5000	中午11:30-12:00
		33.6	10000	6000			7000	2800	下午17:30-18:00
		30.1	10000	6000			7000	2800	中午11:30-12:00
		24.8	8000	5000			4000	2000	下午17:30-18:30
		23.8	4500	3000			4000	2000	下午17:30-18:30
		21.8	5500	3500			4000	2000	下午17:30-18:30
		13.8	4500	3000			2800	1100	中午11:30-12:00
		12.4	5000	3600			2800	1100	下午17:30-18:00
		13.2	5000	3200			2600	1100	下午17:30-18:30
		9.7	4500	3300			2800	1100	下午17:30-18:30
		7.1	5000	3600			2800	1100	下午17:30-18:30
		5.4	2500	1800			2000	840	下午17:30-18:30
		4.6	2500	2000			2000	840	下午17:30-18:00

作优惠套餐：同一个客户签订年度合作协议，第11单-20单9折，21单-30单8折，31单起7折

▲图 12-3 市场上部分微信公众号软文广告收费价格

2. 付款方式

运营者与广告主商讨好广告价格后，还需要就付款方式进行商定。商定付款方式，主要涉及以下两个方面。

◆　广告主是一次性将所有的广告费支付用给运营者，还是分阶段支付，如果分阶段，分为几个阶段。

◆　广告主采用什么方法给运营者支付费用，是银行转账、支付宝、微信付款，还是其他方式付款。

12.1.3　沟通其他的细节

运营者与广告主在确定了广告费价格与付款方式后，双方要针对其他事项进行沟通。如双方需要确定广告文案的大纲、商谈制订文案大纲所需要的时间、运营者编写文案接受修改的次数、修改文案时是否可以否决已经确定的文案大纲、

重新更改文案大纲等一系列事情的细节。

12.1.4 文案写作与确定

运营者和广告主在商量好相关细节后，运营者这一方就需要进行广告文案编写。

编写软文广告的最高境界就是要做到"广告即内容、内容即广告"，要让读者在看见该软文广告时，不会心生排斥，而是能够欣然接受，甚至产生"这样的广告给我再来一打"的心理。

运营者在编写完软文广告文案后，需要将写好的文案交给广告主预览，确认广告主是否满意，如果广告主觉得不满意，运营者则可以按照双方约定好的修改次数给广告主进行文案修改；如果广告主对写好的软文广告文案没有异议，那么双方就可以将文案定下来了。

如图 12-4 所示，是公众号"手机摄影构图大全"为广告主的《手机摄影大全——轻松拍出大片味儿》创作的文案的部分内容。

运营者植入广告采用的方法是，先介绍《手机摄影大全——轻松拍出大片味儿》的拍摄、构图技巧，然后在后面的适当位置引出这本书，并对此书的相关信息进行详细介绍。

12.1.5 发布位置和时间

运营者与广告主确定广告文案后，需要确定软文广告的发布位置和时间。

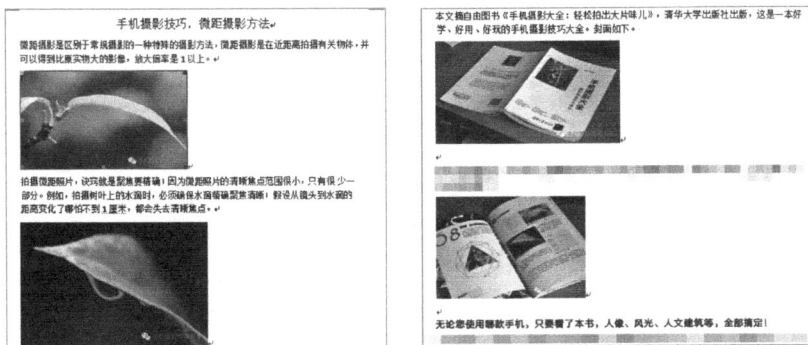

▲图 12-4 公众号为《手机摄影大全——轻松拍出大片味儿》创作的广告文案的部分内容

经过广告主与运营者双方的协商，广告主最终决定在非头条的位置为自己的书打广告，根据运营者推送文章的时间确定发布广告时间，定为合同期里的每天上午。

12.1.6 关注效果并分析

当运营者在自己的平台上为广告主推送了软文广告后，后面的事情主要就是关注广告效果。

运营者和广告主可以在相关网站查看该篇文章的阅读情况。然后双方可以根据广告的阅读情况，进行后续的详细分析。

因为宣传的是图书，所以广告效果可能会呈现得慢一些，因为需要看书的销量情况。等书的销售业绩出来后，运营者与广告主可以根据实际需要进行下一步合作计划的商谈。

12.2 付费案例：**图书出版的操作手法**

大家了解了软文广告的操作手法后，笔者将以运营者出版《手机摄影：不修图你也敢晒朋友圈》为例，给大家介绍图书出版的详细过程。

微信运营者进行图书出版，需要经过 9 个步骤，如图 12-5 所示。

下面，笔者将会为大家一一介绍这 9 个步骤的操作过程。

12.2.1 与出版社联系

微信运营者如果想要出版图书，那么首先就需要选择出版社，选择出版社要根据自己的书稿的类型选择合适的出版社和编辑。

比如，微信公众平台运营者想要出版一本手机摄影类的书，那么就应该选择一个合适的出版社来出版此书。

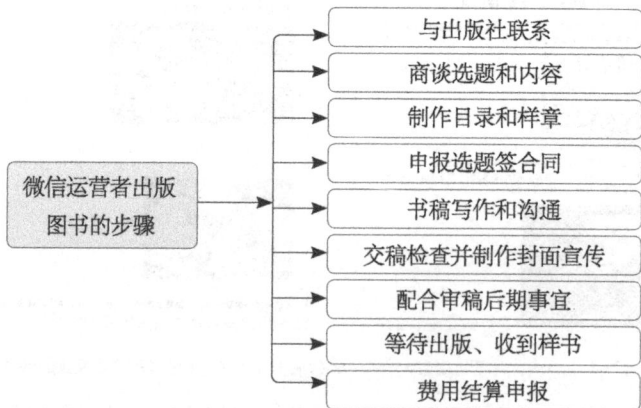

```
微信运营者出版          与出版社联系
图书的步骤      ──→     商谈选题和内容
                        制作目录和样章
                        申报选题签合同
                        书稿写作和沟通
                        交稿检查并制作封面宣传
                        配合审稿后期事宜
                        等待出版、收到样书
                        费用结算申报
```

▲图 12-5 微信运营者出版图书的步骤

微信运营者需要从以下 4 个方面综合进行考虑，选出最适合的出版社出版该书，这 4 个方面如图 12-6 所示。

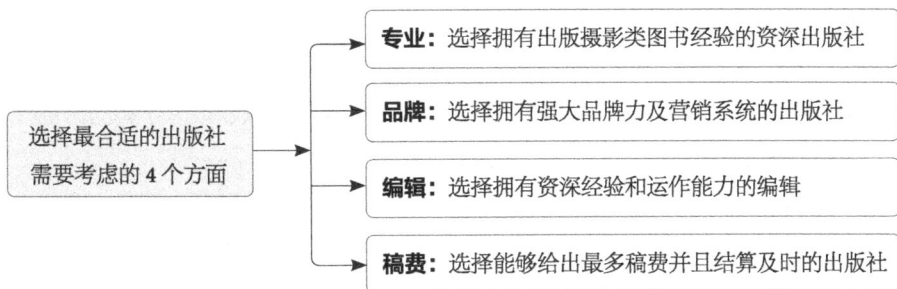

专业：选择拥有出版摄影类图书经验的资深出版社

品牌：选择拥有强大品牌力及营销系统的出版社

编辑：选择拥有资深经验和运作能力的编辑

稿费：选择能够给出最多稿费并且结算及时的出版社

选择最合适的出版社需要考虑的 **4** 个方面

▲图 12-6 选择最合适的出版社需要考虑的 4 个方面

微信运营者在选择最适合的出版社后，可以与出版社就书稿的内容提要进行交流与沟通，让出版社了解你的书稿的大致情况。

微信公众平台运营者在与出版社就书稿的大致情况进行沟通时，双方需要商榷以下 3 个方面内容，如图 12-7 所示。

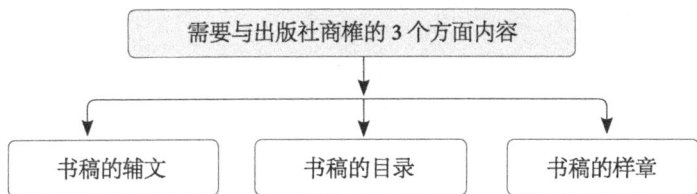

需要与出版社商榷的 **3** 个方面内容

书稿的辅文　　书稿的目录　　书稿的样章

▲图 12-7 需要与出版社商榷的 3 个方面的内容

12.2.2 商谈选题和内容

微信运营者与出版社进行了初步的沟通后，要做的就是商谈图书的选题和内容。双方在商谈图书选题时，要先商谈好书名。微信公众平台运营者这次编写的书稿就是与手机摄影相关，并且主要讲的是手机修图的技巧和手机拍摄人物的应用，因此运营者经过与出版社商定后决定将书名定为《手机摄影：不修图你也敢晒朋友圈》。

在进行图书选题商谈时，还需要先做好该类图书的市场调查及市场分析，然后决定书稿里要写哪些方面的内容。因此，运营者对以下几个方面进行了调研与思考。

◆　对目前手机摄影相关的应用做了调研，如对最火爆的手机摄影微信公众号前 5 名及手机摄影、修图 APP 前 10 名，进行搜集、整理，内容的整合。

◆　对手机摄影这一方面专业的网站、贴吧、论坛前 10 名，进行了搜集、调研，对内容进行了精挑细选。

◆　搜索网上所有的有关"手机摄影"相关的技巧、经验，包括拍摄的、修图的等，进行了搜集、整理，挑出最实用、最接地气、最新潮的内容。

◆　网上调查人们最喜爱的修图工具、常用的修图方法、最想了解的修图技巧等，对修图应用和技巧进行整理、归纳。

运营者根据上面几点的调研结果，再加上出版社给出的建议，最后决定将本书稿的内容分为以下 18 篇。

◆　快速入门：初识手机照片处理利器

◆　基本调整：轻松编辑美化手机照片

◆　特效处理：让照片瞬间变得更精彩

◆　人像精修：造就全新手机人像之美

◆　沿用模板：素材处理及拼图效果

◆　Snapseed：众多不可思议的优化功能

◆　VSCO Cam：提供丰富的胶片色调

◆　MIX 滤镜大师：轻松调出视觉大片

◆　天天 P 图：全能好用的美图神器

◆　PS Touch：手机版的 Photoshop

◆　百度魔图：好玩易用的美图工具

◆　海报工厂：一秒打造视觉大片

◆　玩美彩妆：打造逼真上妆效果

◆　黄油相机：强大的照片加字功能

◆　水印相机：给照片刻上时光足迹

◆　图片合成器：打造与众不同的作品

◆　玩图：功能强大的手机修图工具

◆　特色 APP：这样拍照修图格调满满

12.2.3　制作目录和样章

微信运营者在与出版社商谈好书名和书稿的大致内容后，就要开始制作该书稿的目录及样章。

目录是作者编写书稿时的指向针，它能够让作者在写作过程中不偏离书稿的主题思想，因此要认真对待。运营者在制作目录时，首先要明确该书稿的总页数，然后才能进行该书稿的章节规划，同时目录要做得详细，要具体到三级目录。

如图 12-8 所示，是《手机摄影：不修图你也敢晒朋友圈》的目录的部分内容。

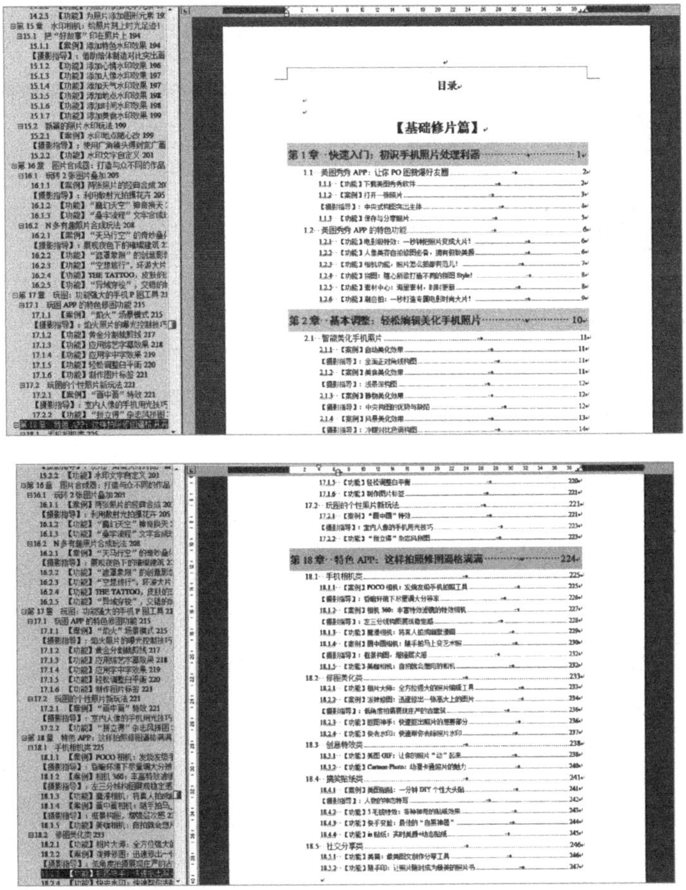

▲图 12-8 《手机摄影：不修图你也敢晒朋友圈》的目录的部分内容

制作好目录后，运营者还需要写出样章。制作样章主要有以下两个方面的作用，如图 12-9 所示。

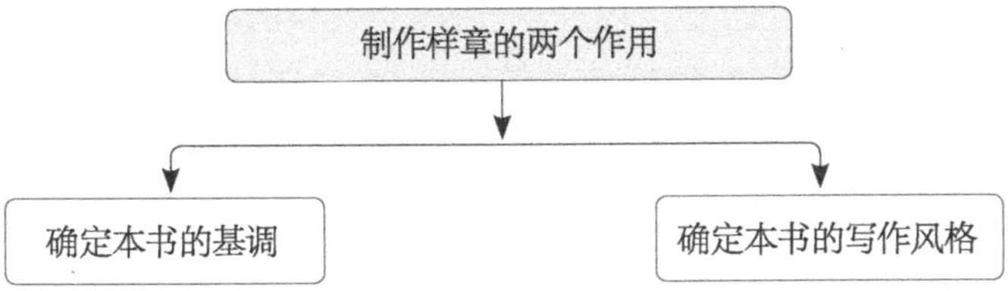

▲图 12-9 制作样章的两个作用

图 12-10 所示是《手机摄影：不修图你也敢晒朋友圈》样章的部分内容。

▲图 12-10 《手机摄影：不修图你也敢晒朋友圈》样章的部分内容

12.2.4 申报选题签合同

运营者在制作完书稿的目录及样章后，就可以将目录和样章交给出版社审阅。如果出版社有意见和建议，运营者就根据出版社的建议进行修改；如果出版社认为目录和样章没有问题，那么出版社的相关负责人就可以向他们的上级申报选题。

如果《手机摄影：不修图你也敢晒朋友圈》的选题申报通过，出版社可以进行接下来的流程并与运营者签订图书出版合同。

> 运营者与出版社签订合同时要看清楚合同里的条款内容，合同里面主要包括出版社对该书的版权使用权限、出版社稿费支付方式及违约金（一般违约金的金额是双方约定好的报酬的 30%）等方面的内容。

12.2.5 书稿写作和沟通

运营者与出版社签订合同后，运营者就可以开始进行书稿写作。在写作过程中，运营者要注重书稿内容的质量，并且要严格按照制作的目录去写作，并且要保持在后续写作过程中，书稿内容的风格与前面制作的样章的风格一致。

微信运营者如果在写作过程中发现目录或其他方面存在某些问题，那么就需要及时与出版社进行沟通，寻找解决办法，以保证写作的书稿可以达到要求的质量。

12.2.6 交稿检查并制作封面宣传

运营者在完成书稿的写作后，自己要对书稿进行详细的检查，查看书稿中的

是否有错别字、语法错误、逻辑错误及不符合法
律规范的语言等问题。

运营者在检查完书稿的问题后，就可以与出
版社商量，让出版社开始着手制作图书的封面宣
传，并在出版社制作封面宣传的过程中保持联系，
运营者要查看制作完成的封面宣传，如果有不满
之处可以向出版社提出自己的意见，让出版社
改进。

封面宣传相关内容，主要包括该书的封面宣
传语、内容提要、前言 3 个内容。如图 12-11
所示，是《手机摄影：不修图你也敢晒朋友圈》
制作完成后的封面宣传样例。

▲图 12-11 《手机摄影：不修图你也敢晒
朋友圈》的封面宣传样例

12.2.7　配合审稿后期事宜

微信运营者在对书稿进行检查后，就可以将书稿交给出版社进行审校，在出
版社审核过程中要随时保持与出版社的交流与沟通。

出版社至少会对该书稿进行 3 次审校，如果他们审出了书稿中存在的问题，
就会将问题反馈给运营者，运营者要积极配合出版社，对书稿中的问题进行修改。

12.2.8　等待出版、收到样书

出版社审校工作结束后，运营者就可以等待《手机摄影：不修图你也敢晒朋
友圈》出版，出版社在出版该书后会按照合同要求免费给运营者赠送该书的样书，
运营者只需要等候样书寄到。

12.2.9　费用结算申报与核算

运营者出版一本书最主要的目的就是获得报酬，因此微信运营者最后要做的
事情就是向出版社提出该书相关的费用结算申报。

运营者的费用结算申报通过后，出版社就会付给运营者应得的报酬。